구텐베르크가 금속활자를 발명하기 전
책은 사람이 살 수 있는
가장 비싼 물건이었으나
지금의 책은 가장 쉽게
가장 저렴히 살 수 있는
지혜의 보고입니다.
애드앤미디어는
당신이 책을 통해 보다 쉽게
지식을 더할 수 있도록 노력합니다.

애드앤미디어 는 당신의 지식에 하나를 더해 드립니다.

NEW
한 권으로 끝내는
NOTION 노션

한 권으로 끝내는
NEW
NOTION 노션

피터 킴, 이석현 지음

애드앤미디어

Part 2. 노션 따라 해보기

따라 해보기 01 - 기본 블록 만들기 ··· 50

1. 기본 블록 입력하기
2. 텍스트 색상 변경하기
3. 할 일 목록 / 글머리 기호 목록 입력하기
4. 토글 목록 사용하기

따라 해보기 02 - 다양한 기본 블록 만들기 ··· 58

1. 콜아웃 사용하기
2. 코드로 표시 사용하기
3. 번호 매기기 목록 사용하기
4. 페이지로 구체적인 내용 정리하기

따라 해보기 03 - 페이지에 기본 블록 추가하기 ··· 63

1. 페이지에 아이콘 추가하기
2. 페이지에 커버 추가하기
3. 페이지에 텍스트 추가하기
4. 페이지에 이미지 블록 만들기

Part 3. 노션 실전 예제 따라 해보기

Part 4. 노션 더 잘 쓰기

템플릿을 활용해 감각 키우기 ··· 284

다른 서비스 데이터 가져오기 ··· 294

다양한 노션 활용 분야 ··· 312

편집자 후기 ··· 316

내가 노션으로 갈아 탄 이유

저는 생산성을 높이는 툴에 관심이 많아서 Evernote, Workflowy, Trello 등 다양한 노트와 협업서비스를 써왔습니다. 그러던 중 만나게 된 노션의 첫 인상은 깔끔하고 예쁜 노트 서비스 정도였는데, 알아갈수록 빠져들 수밖에 없는 매력을 경험하게 되었지요. 무엇보다 사람들이 기존 사용하던 서비스에서 새로운 서비스로 넘어가지 못하는 이유가 그 동안 만들어놓은 수많은 자료들을 옮길 수 없거나, 옮기기 번거로워서일 때가 많은데 노션은 가져오기 기능을 제공해 클릭 몇 번으로 해결해 주었습니다. 이러니 노션으로 이사를 하지 않을 이유가 없었지요.

사람들이 신규 서비스를 어렵게 느끼는 건 익숙하지 않기 때문입니다. 노션 역시 그래서 다소 어렵게 느낄 뿐만 아니라 실제로 노션 기능 중 30% 정도는 우리가 전혀 사용하지 않아도 무방한 심화 기능들이기도 합니다. 고급 사용자들에겐 분명 엄청난 매력이지만, 대다수의 일반 유저들에겐 필요 없는 기능들인데 그것들에 너무 치중하다보니 노션의 쉽고, 예쁘고, 빠른 장점을 놓치는 경향이 많았습니다.

그래서 이 책에서는 불필요한 기능들에 대한 설명을 과감히 덜어냈습니다. 노션이라는 서비스를 설치하고, 가입하고, 하나씩 천천히 따라하다 보면 어느새 노션 기능의 70%를 익힐 수 있고, 결과물도 바로 만들어낼 수 있는 '무조건 따라 하기' 방식으로 구성했습니다. 실제로 노션 강의를 하면서 이런 따라 하기 방식으로 노션을 쉽게 배울 수 있었다는 수강생들의 피드백을 많이 받았기 때문입니다. 처음에는 잘 모르더라도 직접 하나씩 사용해보면서 결과물을 얻다 보면 나중엔 혼자서도 얼마든지 만족할 만한결과물을 만들 수 있게 될 것입니다.

단언컨대 노션은 쉽습니다. 배워서 바로 써먹을 수 있는 것은 물론, 다른 서비스들이 줄 수 없는 노션만의 유니크한 기능이 있습니다. 이 책을 통해 이런 편리함을 누리고, 자신만의 분야에서 온전히 노션을 활용할 수 있기를 바랍니다.

자, 여러분도 이제 노션으로 갈아타보세요

피터 킴

생산성 앱의 최강자, 노션

생산성 앱의 대세라는 노션(Notion)에 대해 들어보셨나요? 노션은 Evernote, Google keep, Trello, Workflowy 등 웬만한 노트 앱이 가진 기능을 완벽하게 하나로 통합시킨 노트 앱의 최강자, 여러분이 상상한 모든 기능을 구현할 수 있는 막강한 올라운드 플레이어 입니다. 실리콘밸리에서 개발된 이 뜨거운 앱은 Smart Work 시대를 성큼 앞서 나가며, 특히 한국에서 더욱 열광적으로 인기몰이 중입니다.

노션 하나로 일정관리, 프로젝트 칸반 보드, 이미지 갤러리, 협업 기능, 홈페이지, 문서 작업, 위키 기능이 가능하다면 믿어지십니까? 수많은 웹 사이트를 노션 페이지 안에 삽입할 수도 있습니다. 게다가 함수 기능과 관계형 데이터베이스를 이용하면 그럴듯한 업무용 프로그램을 개발하는 것과 유사한 협업 환경까지 만들 수 있습니다.

사용자 마음대로 화면을 꾸밀 수 있습니다. 노션은 템플릿 기능을 통해서 화면을 멋지게 꾸미고 다른 사람들과 공유할 수 있으며 퍼스널 브랜딩

으로서 홈페이지를 만들고 검색 사이트에서 노출되도록 공유까지 할 수
있습니다. 스타트 업을 중심으로 회사의 홈페이지를 노션으로 구축하는
사례가 늘고 있습니다.

\# 노션은 UI/UX가 직관적입니다. 페이지라는 블록에 텍스트뿐만 아니라
캘린더, 갤러리, 표, 북마크 코드 블록, 데이터베이스 블록을 통하여 개발
자가 프로그래밍을 하는 것처럼 화면을 꾸밀 수 있습니다.

\# 특히 개발자들에게 유용한 기능이 있는데, Syntax highlighting 기능을
활용하면 코드의 가독성을 높일 수 있어 팀에서 진행하는 코드 리뷰에 편
리함을 선물합니다. 저렴한 가격에 무한대의 자료를 구축할 수 있다는 장
점도 있습니다.

이 책은 노션을 처음 사용하는 사람이 대상입니다. 기본 편과 활용 편으로
나누어져 있습니다. 누구나 천천히 따라 하다 보면 자신만의 노션 페이지
를 구축할 수 있으며, 데이터를 체계적으로 기록하고 관리하는 비법까지
배우고 익히게 될 것입니다. 노션에 관심이 있지만, 어떻게 사용해야 하는
지 머뭇거리는 당신에게 이 책을 드립니다.

이석현

한 권으로 끝내는 노션

저는 생산성 도구 마니아입니다. 얼리어답터이기도 하지요. 다양한 업무와 글쓰기에 생산성 도구를 적극 활용하고 있습니다. 그동안 에버노트, 워크플로위, 트렐로와 같은 여러 서비스들을 병행해서 사용해 왔는데 노션이 나오면서 상황이 완전히 달라졌습니다. 노션 하나로 대부분의 일을 처리하게 되었지요. 각종 모임 운영은 물론 특히 콘텐츠 기획에 매일 사용하고 있습니다. 저처럼 생산성을 높이고 싶은 사람에게 노션은 최고의 파트너라고 할까요.

"노션 공부하는데, 좋은 책 추천해주실 수 있나요?"라는 많은 분들의 질문에 그 동안은 답변을 드리기가 곤란했습니다. 괜찮은 노션 책이 없었기 때문이죠. 그런데 이제는 자신 있게 추천할 수 있게 되었어요. 노션 전문가 피터 킴과 이석현의 책이 나오니까요.

피터 킴은 노션을 활용한 '경험수집잡화점' 서비스를 성공적으로 운영하

면서 누구나 쉽게 따라 할 수 있는 강의로 많은 분들을 노션의 세계로 안
내하고 있습니다. 이석현 님은 국내에서 손꼽히는 노션 전문가로서 그만
의 섬세하고 유연한 노션 활용법을 제공하고 있습니다.

노션의 어벤저스, 그들의 역량이 <한 권으로 끝내는 노션>으로 나온다니
노션을 처음 접하는 분들에게 큰 도움이 되리라 믿습니다.
이 책과 함께 노션이라는 새로운 무기를 갖게 되시기를 바랍니다.

<메모 독서법> 저자
신정철

세상의 모든 '일잘러'들에게

실제로 저희 팀은 생산성 업무 툴로 노션을 가장 많이 사용하고 있습니다. 노션은 짧고 빠른 시간 안에 처리해야 하는 프로젝트성 일이나, 매뉴얼화가 필요한 업무들의 내비게이션 역할과 공유에 가장 편리했기 때문입니다. 팀 및 개인의 목표 관리, 프로세스 관리에 효율성이 올라가면서 자연스럽게 노션의 더 많은 기능들을 더욱 잘 활용하는 방법에 관심을 갖게 되었습니다.

우연한 기회로 알게 된 피터 킴은 그동안 파워유저로서 노션을 활발히 활용하고, 또 다양한 강의를 통해 많은 분들에게 전파하고 계셨던 분이라 주저 없이 모비아카데미에서 '직장인을 위한 노션활용법' 강의를 개설하게 되었습니다.

피터 킴의 노션 활용법은 불필요한 기능들보다는 업무 적용 사례와 필수 기능들을 중심으로 구성되어 있었고, 현장 강의에서 추천도 5점 만점의 높은 호응을 받을 만큼 실무자들에게 인기가 많았습니다.

이제 막 일을 시작하는 사회초년생들은 물론 오랜 시간 경력을 쌓아온 실무자들, 스마트한 목표 달성에 관심이 있는 모든 '일잘러'들에게 추천해 드리고 싶습니다.

모비아카데미

팀장 김지연

Ⓝ 노션이란?

노션(Notion)의 원대한 미션(Mission)

노션을 만든 사람들은 미국 샌프란시스코 베이스의 작은 팀입니다. 하지만 이들의 미션은 결코 작지 않았죠. 노션을 시작하기 전에 이들이 왜 노션을 만들었는지 알면 노션을 이해하는 데 도움이 되리라 생각합니다. 아래는 노션 팀의 공식 홈페이지에서 가져온 그들의 미션(Mission)입니다.

○ ○ ○

우리는 사람들이 최선의 사고를 할 수 있도록 도와주는 도구를 만듭니다.
인간은 도구 제작자이지만, 우리 대부분은 우리가 매일 사용하는 소프트웨어를 수정할 기술이 없습니다. 우리는 일을 하고 너무 많은 애플리케이션에 걸쳐 생활하며 너무 적은 애플리케이션이 우리가 원하는 대로 작동합니다. 개념은 메모, 문서, 작업, 데이터베이스 등 생산성의 기본 요소를 새롭고 창조적인 방식으로 결합할 수 있는 유연성을 제공함으로써 이러한 현상을 해결합니다.

우리는 사람들에게 자신의 문제를 해결할 수 있는 최상의 도구를 제공함으로써 전 세계의 문제를 보다 효과적으로 해결할 수 있다고 믿습니다.

We make tools to help people achieve their best thinking.
Humans are toolmakers by nature, but most of us don't have the skills to modify the software that we depend on every day. We run our work and lives across too many apps, and too few of them work the way we wish they did. Notion challenges this status quo by giving everyone the building blocks of productivity — notes, docs, tasks, databases — and the flexibility to combine them in new, creative ways.
We believe that by equipping people with the best tools to solve their own problems, we can tackle the whole world's problems better, together.

노션 홈페이지에 소개된 노션의 미션

공감이 되시나요? 이들이 말하는 것처럼 우리는 일을 하거나 인생을 살아 가면서 너무 많은 서비스를 사용합니다. 메모는 여기에 하고, 문서작업은 저기에 하고, 데이터베이스 구축은 또 다른 곳에서 하다 보니 서로 간의 통 합적인 시너지나 활용이 생기기 어렵죠. 그리고 이런 서비스들은 우리의 입맛대로 수정해서 쓰기 어렵습니다. 모두가 소프트웨어 개발자는 아니니 까요. 노션은 이런 문제를 해결해 보려고 만든 서비스입니다.

앞서 언급했던 작업들을 노션 안에서 새롭고 창의적인 방식으로 쉽게 결 합하고 재배치할 수 있도록 돕는 거죠. 혹시라도 지금 드리는 말이 이해가 되지 않는다면, 그냥 넘어가 주세요. 따라 하기 과정을 통해 직접 써보면 이해가 딱! 되실 겁니다. 노션은 전 세계의 문제를 보다 효과적으로 해결할 수 있도록 제공하는 최상의 도구 서비스라는 정도로만 이해하고 넘어갈까요?!

왜 노션이어야 하는가?

우리는 다양한 목적을 달성하기 위해 많은 서비스들을 사용합니다. 매일 매일 그 서비스 사이를 오가며 저글링을 하고 있죠. 이걸 빨리하는 사람들을 보통 생산성이 좋고, 일처리가 빠르다고 말합니다.

예를 들어볼까요? 여러분은 메모를 위해 어떤 서비스를 사용하시나요? 실제로 손으로 쓰는 포스트잇이나 메모장을 쓰기도 하고, 스마트폰이나 PC의 notepad를 쓰기도 하죠. 조금 더 활용하시는 분은 Google이 제공하는 Keep 같은 서비스나 Evernote를 사용하실지도 모르겠네요. 심플한 문서작업을 원하신다면 Workflowy를, 좀 더 많은 양의 문서작업은 워드나 Google docs를 사용할 수 있겠네요. 협업을 위해선 Trello 같은 협업 툴을 사용하기도 하시겠죠. 잠시 이야기했는데도 많은 서비스를 나열했습니다. 복잡하죠? 네 복잡합니다!

정보는 한 곳에 모아서 처리하는 게 기본인데 여기저기 흩어져 있으니 스크랩한 정보나 기록해 놓은 문서가 활용도 잘 안됩니다. 노션은 지금까지 언급한 모든 기능을 노션이란 서비스 안에서 제공합니다. 여러 개의 서비스를 사용할 필요가 없죠. 그냥 노션 하나로 기존에 하던 작업을 통합해서 사용할 수 있습니다. 간단히 작성하는 메모나 회의록에서부터, 각 팀에서 사용할 데이터베이스 구축까지 이제 노션 하나로 끝낼 수 있습니다.

하지만 아무리 서비스가 좋아도 기존에 사용하던 서비스들을 새로운 서비스로 이전하는 건 큰 부담이 있죠. 이미 저장해둔 자료가 엄청나기 때문인데요! 이걸 일일이 옮기자니 아무리 좋은 서비스라도 안 쓰게 되는 거죠. 우린 귀찮은 게 싫으니까요. 하지만 걱정하지 마세요. 노션 팀도 이 사실을 누구보다 잘 알고 있습니다. 그래서 Evernote, Google docs, Trello, Word, Workflowy 등의 모든 데이터를 몇 번의 클릭만으로 노션으로 끌어올 수 있는 가져오기(import) 기능을 제공합니다.

노션에서 가져오기할 수 있는 다른 서비스

그러니 데이터 이사 걱정은 마시고, 노션을 한 번 써보세요. 데이터를 이사하기 전 노션을 사용해 보면서, 자신에게 잘 맞는 서비스일지 탐색해 보고 이사를 결정하여도 늦지 않습니다. 그리고 제가 노션을 사랑하는 또 다른 이유는 일단 노션은 예쁩니다. 꾸미기나 디자인 감각이 1도 없는 공대생인 저는 다른 서비스를 예쁘게 만드는 분들을 보면 늘 부러웠죠. 하지만 이제 그런 부러움도 안녕입니다. 노션은 데이터만 넣어주면 고급스럽고 예쁘게 만들어 보여줍니다. 보이는 게 중요한 시대이다 보니, 이 부분도 노션을 선택하는데 큰 영향을 줬음을 부인할 수 없네요.

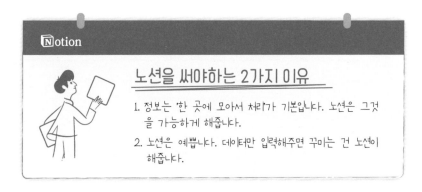

노션은 무료? 유료?

기본적으로 노션은 무료 서비스입니다. 노션에서 페이지를 구성하는 하나하나의 구성요소를 블록이라고 하는데 이전에는 그 블록을 1000개 생성하기까지만 무료로 사용할 수 있고, 1000개가 넘어서면 유료 결제가 필요했어요. 하지만 이제는 블록의 개수에 상관없이 무료로 사용할 수 있도록 요금제가 파격 전환되었습니다.

즉, 추가 요금 없이 노션을 마음껏 활용할 수 있다는 말입니다.

그럼에도 유료 요금제는 여전히 존재하는데요, 한번 알아 볼까요?

노션 계정별 요금제

개인	일반적으로 개인이 가장 많이 쓰는 무료 요금제. 파일 업로드 용량 5MB 제한과 Guests 초대 5명 제한의 제약이 존재합니다.	무료
개인 프로	개인이 쓰는 유료 요금제로 월별 결제 시 1개월 $5이고, 1년 단위 결제 시 1개월 $4. 파일 업로드 용량의 제한과 Guests 초대 인원 제약이 없습니다.	$4
팀	개인 프로 요금제 기능 + Member 추가 제한이 없습니다.	$8
기업	팀 요금제 혜택 + 전용으로 할당된 매니저를 배치해 주는 기업 요금제는 월별 결제 시 1개월 $25, 1년 단위 결제 시 1개월 $20. 변경 히스토리를 이전 30일로 제한하는 다른 요금제와 달리 무제한 변경 히스토리를 제공합니다.	$20

	개인용		팀과 회사용	
	개인 US$0	**개인 프로** US$4	**팀** US$8 멤버당 매달	**기업** US$20 멤버당 매달 1인
연간 결제 ⬤ 매달	현재 요금제	업그레이드	업그레이드 무료 체험	업그레이드 영업팀에 문의
사용량				
페이지와 블록	**무제한**	무제한	무제한	무제한
회원	**본인에 한정**	본인에 한정	무제한	무제한
게스트	5	무제한	무제한	무제한
파일 업로드	5MB	무제한	무제한	무제한
버전 기록		30일	30일	계속
기능				
웹, 데스크톱, 모바일 앱	✓	✓	✓	✓
40개 이상의 블록 콘텐츠 유형	✓	✓	✓	✓
50개 이상의 스타터 템플릿	✓	✓	✓	✓
위키, 문서와 메모	✓	✓	✓	✓
풍부한 속성 유형을 갖춘 데이터베이스	✓	✓	✓	✓
표, 리스트, 캘린더, 간반 보드와 갤러리 뷰	✓	✓	✓	✓
API 액세스 출시 예정		✓	✓	✓
관리와 보안				
일괄 내보내기	✓	✓	✓	✓
관리 도구			✓	✓
권한 그룹			✓	✓
고급 권한			✓	✓
고급 보안 제어				✓
SAML + 싱글 사인 온(SSO)				✓
PDF 일괄 내보내기				✓
지원				
우선 지원 서비스		✓	✓	✓
전담 관리자				✓
맞춤형 계약 및 송장				✓
조기에 새 기능에 액세스				✓

표시된 가격은 연간 청구 사용료입니다. 월별로 청구되는 경우 **개인 프로 요금제**는 US$5, **팀 요금제**는 멤버 1인당 US$10, **기업 요금제**는 멤버 1인당 월 US$25입니다.

유료 요금제 사용을 위한 노션 크레딧 모으기

노션은 기본적으로 무료로 사용해도 전혀 지장이 없지만, Guest를 많이 초대하고 싶거나 버전 히스토리 기능을 원하는 분은 유료 요금제를 사용해야겠죠? 이때 바로 결제를 하지 않고도 노션이 주는 여러 방법으로 크레딧을 모아 결제가 가능하답니다.

노션 크레딧 모으기

Web 브라우저에서 노션에 로그인	$5
Desktop App에서 노션에 로그인	$5
모바일 App에서 노션에 로그인	$5
Evernote 데이터 가져오기(import)하면	$5
노션 웹 클리퍼 설치하면	$3
iOS나 안드로이드 Share 메뉴 사용하면	$3

누구나 셋째 줄까지는 쉽게 달성할 수 있는 미션이므로 기본적으로 $15는 받고 시작한다고 볼 수 있죠. $15면 '개인' 요금제를 결제해도 3개월을 사용할 수 있는 금액입니다. 돈 한 푼 안 내고, 유료 요금제를 3개월 맛볼 수 있다는 말이죠. 대부분 3개월 정도 써보면 자신에게 맞는 서비스인지 답이 나오죠. 그러니 무턱대고 카드 결제부터 하지 마시고, 무료 혜택을 받아서 사용해 보시길 바랍니다.

이 외에도 사람들에게 Notion 가입 링크가 포함된 Email을 보내 가입을 유도할 수 있습니다. (아래 이미지에 이메일을 적는 란이 보이시죠?) Email을 받은 사람이 해당 링크를 통해 노션에 가입을 마친 경우 초대 메일을 보낸 사람에게 $5를, 해당 링크로 가입한 사람에게는 $10를 제공하고 있습니다. 이렇게 모아 최대 $200까지 받을 수 있다고 하네요. $200면 '개인 프로' 유료 요금제를 4년 이상 쓸 수 있는 금액이니 많은 친구들을 노션에 가입시킨다면 몇 년을 무료로 쓸 수 있습니다.

지인에게 노션 가입 링크 보내기

노션 무조건 시작하기

노션 검색하기

자, 서론이 길었죠? 이제 노션을 바로 사용해 봅시다. 일단 설치를 해야겠죠? 검색 엔진 구글에서 'Notion'을 검색하거나 노션 웹사이트 주소(www.notion.so)를 적어보세요. 웹사이트에 접속하면 아래의 메인 화면이 나옵니다.

노션 웹사이트 메인 화면

노션 설치하기

먼저 말씀드리면, 노션 스마트폰 앱과 데스크톱 노션을 가입하는 절차에서 한 곳에 모아 알려주기도 합니다. 그러니 가입 시에 한 번에 받으실 수 있고(아래 이미지 참고) 이때 설치를 못하신 분은 아래 내용대로 하나씩 설치할 수 있습니다.

노션 앱 다운로드

＊스마트폰 앱 다운로드 받기

스마트폰에 Notion 앱을 다운로드하기 위해선 2가지 방법이 있는데, 상단 메뉴 중 <iOS & Android> 메뉴를 선택해서 다운로드받고 싶은 스마트폰의 폰 번호를 입력하고, **앱 링크 보내기** 버튼을 누르면 App의 download link가 폰으로 전송됩니다. 그냥 쉽게는 iOS에서는 앱스토어, Android에서는 플레이스토어에서 **Notion**을 검색해서 다운로드할 수도 있습니다.

✳노션 시작은 데스크톱에서

노션의 모든 기능을 편하게 사용하려면 아무래도 작은 화면의 스마트폰보다 큰 화면의 PC에서 사용하는 게 수월합니다. PC는 데스크톱용 프로그램을 설치할 수 있고, 웹브라우저에서 별도의 설치 없이 사용 가능합니다. 개인의 취향에 따라 선택하면 됩니다. 데스크톱용 프로그램 다운로드는 노션 사이트 메인 화면 우측 상단의 다운로드 > Mac과 Windows 를 선택해서 자신의 PC에 맞는 프로그램을 다운로드하여 사용하면 됩니다.

노션 desktop 프로그램 설치 화면

노션 가입하기

노션 프로그램 설치를 다하셨다면 이제 사용을 위해 가입을 해야겠죠? 메인 화면에서 이메일을 적어 보내고, **링크를 전달받아 가입하는 방법**과 **구글 계정으로 바로 가입하는 방법** 두 가지가 있습니다. 구글 계정이 있다면 구글 계정으로 가입하는 방법이 편하겠죠? 일단은 이메일 주소로 가입하는 방법을 말씀드릴게요. 메인 화면에서 이메일을 적는 란에 본인의 이메일 주소를 적고 **가입** 버튼을 눌러주세요.

노션 가입 화면

아래와 같은 화면이 뜨고 **login 코드**를 복사해 넣어 달라(Paste login 코드)는 화면이 나옵니다. 여기서 쓸 **login 코드**는 아까 여러분이 적으신 이메일 주소로 발송되어 있습니다. 확인하러 가볼까요?

이메일 주소의 메일함을 가보면, Notion으로부터 Your Notion Signup 코드 is xxxx-xxxx-xxxx-xxxx (xxx에는 유니크한 코드가 포함됩니다.)라는 제목의 이메일이 와 있을 거예요. 그렇죠?

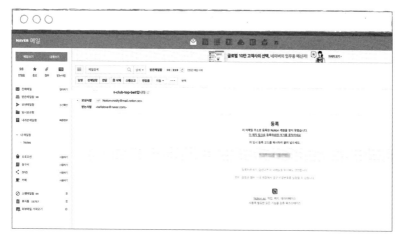

Login 코드 전달 메일

Login 코드 입력

이메일에서 보내준 Link를 클릭해서 가입을 진행할 수도 있고, 아래 **signup 코드**를 복사해서 이전 단계에서 login 코드를 요청했던 화면에 붙여넣기해서 진행할 수도 있습니다.

이후로는 웰컴 메시지가 나옵니다. 자신의 이름을 설정하고, 아래 질문들을 선택해 주세요.

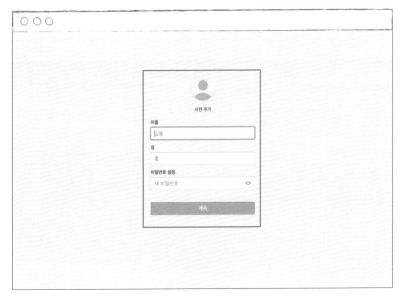

회원 정보 입력

다음 화면에서는 자신의 Workspace의 이름을 정하는 화면입니다. 기본적으론 앞서 적은 이름이 들어가 있죠. 나중에라도 변경 가능하니 생각나는 이름을 적고 **생성 Workspace** 버튼을 눌러주면 자신만의 Workspace가 생성됩니다.

최초 Workspace 화면을 보여주기 전에 노션에서 강조하는 메시지 2개를 더 띄워 주네요. 다른 서비스에서 데이터를 가져올 수 있는 import 가능한 서비스를 설명하는 페이지와 (앞에서 말씀드렸던) 스마트폰, 데스크톱용 App을 다운로드할 수 있는 링크를 차례로 보여줍니다.

워크스페이스 정보 입력

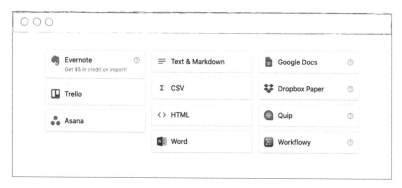

노션에서 가져오기할 수 있는 다른 서비스

Done을 누르면 최초 노션 화면에 진입하게 됩니다. Get Started 화면이
네요.

Workspace 생성 후 최초로 보이는 Get Started 화면

여기까지 오면 이제 노션을 본격적으로 사용할 준비가 된 상태죠. 수고 많
으셨습니다. 한숨 돌리고, 본격적으로 노션을 가지고 놀아 볼 생각이니 잘
따라와 주세요.

첫 화면에 시작하기라는 페이지가 생겼을 거예요. 말 그대로 시작해 보라
는 뜻이에요. 새로운 블록을 추가해 보라는 말도 쓰여 있고, 드래그해서
자리를 옮겨보라는 메시지 등 노션의 기본 기능을 시도해 보라는 화면이
네요. 이제부터 본격적으로 각 기능들을 따라 하기 예제를 통해 익혀 나갈
테니 시작하기 페이지는 모두 지워도 됩니다.

노션에서 알아두어야 할 개념이 있는데, **워크스페이스, 페이지, 블록**이란 개념이에요. 이 세 가지 개념이 노션을 구성하는 큰 구조입니다. 다음 장에서 좀 더 깊이 알아 볼게요.

노션의 구조 이해하기

레고 같은 노션의 구조

노션에서 블록은 레고 블록 한 개를 생각하면 쉬워요. 레고 다들 아시죠?
아마 어렸을 적 한두 번은 만져보셨을 텐데요. 입력 되는 것 하나하나가
각각의 블록이라고 볼 수 있습니다. 이러한 블록 조각들이 모여서 페이지
라는 공간을 만들게 되는 거죠.

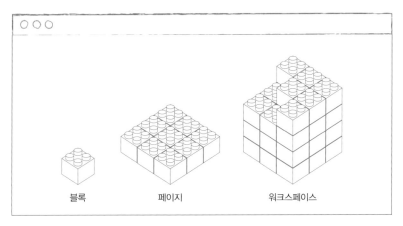

노션의 개념

조금 더 이해를 돕기 위해 블로그를 생각해 볼까요? 우리가 블로그에서 하나의 글을 쓸 때 하나의 포스팅 글에 텍스트도 포함되고 이미지나 동영상, 첨부파일 등이 포함되는 경우가 있죠? 이런 요소 하나하나를 **블록**이라고 부르고 이런 요소가 모인 하나의 글을 **페이지**라고 생각하면 쉽게 이해할 수 있습니다.

그리고 **워크스페이스**는 여러 개의 페이지가 모여 구성된 공간을 말하는데, 앞서 예를 든 것에 이어 비유하면 블로그 자체라고 보면 되겠네요. 자신의 블로그에 여러 개의 글을 쌓아가듯 자신의 워크스페이스에 여러 개의 페이지를 쌓아가는 것이 노션이라고 생각하면 됩니다. 하나의 포스팅 글에 포함되는 '텍스트 = 블록, 포스팅 글 = 페이지, 포스팅 글이 모여진 블로그 = 워크스페이스'로 기억해 주세요.

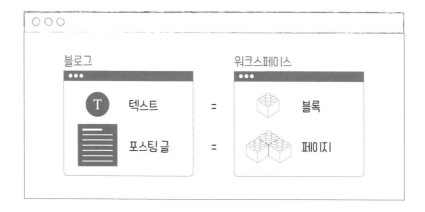

노션의 입력 블록 종류

노션에서는 아래와 같이 다섯 가지 형태의 입력 방법을 제공합니다.

노션의 입력 형태

기본 블록	기본 텍스트, 할일 목록 등 기본적인 입력 방법 제공
	텍스트, 페이지, 할 일 목록, 제목1, 제목2, 제목3, 글머리 기호 목록, 번호 매기기 목록, 토글 목록, 인용, 구분선, 페이지에 대한 링크, 콜아웃
데이터 베이스	만들어진 페이지들을 데이터로 모아 다양한 보기로 보여주는 방법 제공
	표, 보드, 갤러리, 리스트, 캘린더, 링크된 데이터베이스 생성
미디어	이미지, 영상, 북마크 등 미디어 관련 입력 방법 제공
	이미지, 북마크, 동영상, 오디오, 코드, 파일
임베드	내부 파일 추가 및 Google Map, Google Drive 등 외부 서비스의 데이터를 끌어오는 기능 제공
	임베드, Googld Drive, Tweet, GitHub Gist, Google Maps, Figma, Abstract, Invision, Framer, Whimsical, Miro, PDF, Loom, Typeform, CodePen
고급 블록	위의 4가지 외에 수식 지원 등의 기타 고급 기능 제공
	목차, 블록 수학 공식, 템플릿 버튼, 이동 경로

실제로 노션에서 입력 방법을 쓸 때는 빈 페이지 아무 곳에서나 마우스를 클릭하면 다음과 같이 ➕버튼이 생깁니다. 이 버튼을 마우스 왼쪽 버튼으로 클릭하면 입력할 수 있는 타입의 팝업 메뉴가 나타나 그중 원하는 것을 골라서 쓰면 됩니다.

블록 입력 방법

마우스보다 키보드 입력을 더 선호하는 분은 위의 방법에서 ➕버튼을 누르지 않고, 명령어 사용 시 '/'를 입력하세요 적힌 공간에 /(슬래시)를 입력해주면 ➕버튼을 누른 것과 동일한 팝업 메뉴가 뜨고 원하는 것을 선택할 수 있습니다.

또, /im 을 입력하면 이미지를 올릴 수 있는 메뉴가 바로 나타납니다.

/ 로 입력하기   / im 으로 입력하기

노션이 제공하는 다양한 보기

노션은 하나의 데이터를 다양하게 볼 수 있도록 5가지 보기 형태를 제공합니다. **표, 보드, 갤러리, 리스트, 캘린더** 이렇게 총 5가지입니다. 이러한 보기의 형태는 우리가 자유롭게 바꿀 수 있습니다.

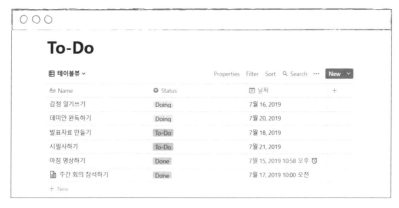

표(Table) 보기

보드(Board) 보기

갤러리(Gallery) 보기

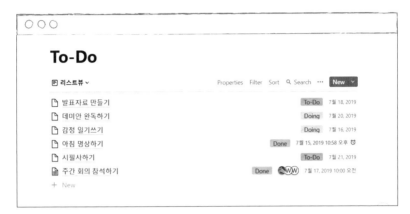

리스트(List) 보기

캘린더(Calendar) 보기

노션 따라 해보기

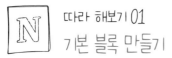

따라 해보기 01
기본 블록 만들기

본격적으로 따라 해보기를 통해 노션을 연습해보는 단계로 들어왔습니다. 입력창에 ➕를 클릭하거나, /를 입력하면 다음과 같은 기본 블록이 나타납니다. 이번 과정에서는 다음의 기본 블록 중 **제목3, 텍스트, 할 일 목록, 글머리 기호 목록, 구분선, 토글 목록** 이렇게 6가지 타입을 사용했습니다.

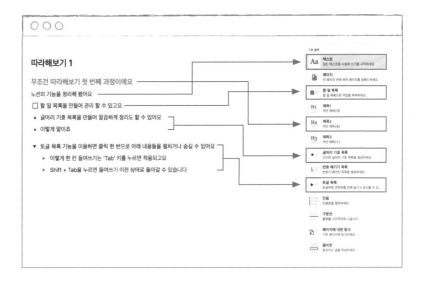

1. 기본 블록 입력하기

노션의 가장 기본인 기본 블록은 다음과 같이 3단계면 입력할 수 있습니다.

❶ + 클릭 또는 / 입력하기

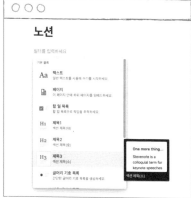

❷ 원하는 기본 블록 선택하기

❸ 텍스트 입력하기

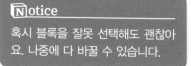

혹시 블록을 잘못 선택해도 괜찮아요. 나중에 다 바꿀 수 있습니다.

이제 글자의 색상을 변경해봅니다. 색상 변경은 두 가지 방법이 있습니다.

선택하여 바꾸기

변경하려는 텍스트를 마우스로 드래그하면 자동으로 팝업 메뉴가 하나 뜹니다. 그 메뉴에서 **A**라고 쓰여 있는 메뉴를 선택하면 아래와 같이 변경 가능한 색상의 옵션이 나열됩니다. 그 중 따라 해보기 예제에 맞게 노란색을 선택하면 됩니다.

Open menu로 바꾸기

한 블록 전체의 색상을 변경하길 원하는 경우 글자를 모두 드래그할 필요 없이 해당 블록의 ⊞버튼을 누르면 뜨는 메뉴 중 **색**을 선택하면 위와 동일하게 색상 옵션 중 하나를 선택할 수 있습니다.

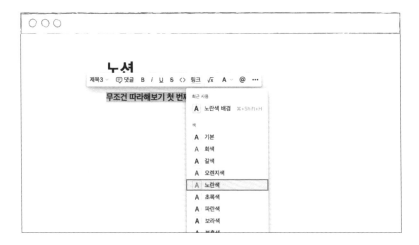

3. 할 일 목록 / 글머리 기호 목록 입력하기

두 번째 줄부터는 같은 방법으로 그대로 입력해 보세요.

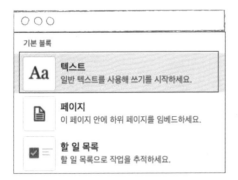

텍스트 옵션을 선택해 '노션의 기능을 정리해 봤어요' 문장을 입력합니다.

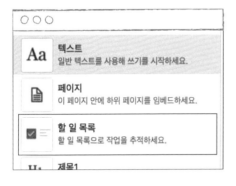

할 일 목록 옵션 선택 입력. 네모 체크 박스를 한 번 클릭해 보세요. 완료된 형태의 글이 어떻게 변하는지 확인할 수 있을 거예요. 가끔 이거 체크하는 맛으로 일할 때도 있지 않나요?

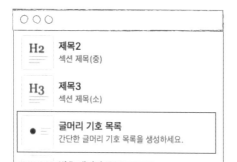

글머리 기호 목록 옵션 선택 입력. 마지막 글자에서 엔터키를 입력하면, 아래 줄에도 동일하게 글머리 기호 목록 형태가 준비됩니다.

바로 아래로 라인이 하나 있죠? 이건 **구분선** 옵션을 선택해 주면 됩니다.

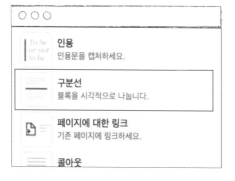

따라해보기 1

무조건 따라해보기 첫 번째 과정이에요

노션의 기능을 정리해 봤어요

☐ 할 일 목록을 만들어 관리 할 수 있고요

- 글머리 기호 목록을 만들어 깔끔하게 정리도 할 수 있어요

- 이렇게 말이죠

▼ 토글 목록 기능을 이용하면 클릭 한 번으로 아래 내용들을 펼치거나 숨길 수 있어요

  ▶ 이렇게 한 칸 들여쓰기는 'Tab' 키를 누르면 적용되고요

  ▶ Shift + Tab을 누르면 들여쓰기 이전 상태로 돌아갈 수 있습니다

4. 토글 목록 사용하기

토글 목록은 제목과 내용을 펼쳐서 보이게도 하고, 제목만 보이게도 하여 깔끔하게 노션 페이지를 관리할 수 있는 블록입니다.

메뉴에서 **토글 목록** 옵션을 선택해 주시고, 첫째 줄에 해당하는 내용을 타이핑해줍니다. 그런 후에 **Tab**키를 눌러주면 한 단계 들여 쓰기가 되는 것을 볼 수 있습니다.

이제 맨 윗줄의 ▼형을 클릭할 때마다 아래 두 줄의 내용들이 접혔다 펴졌다 하는 걸 볼 수 있습니다. 이렇게 **토글 목록**을 이용하여 세부사항은 아랫줄에 **Tab**키를 이용해 들여 쓰기를 해놓고, 맨 윗줄에는 중요한 내용만 적어 평소에는 접어두면 보다 깔끔한 노션 페이지가 완성됩니다.

따라해보기 1

무조건 따라해보기 첫 번째 과정이에요

노션의 기능을 정리해 봤어요

☐ 할 일 목록을 만들어 관리 할 수 있고요

- 글머리 기호 목록을 만들어 깔끔하게 정리도 할 수 있어요
- 이렇게 말이죠

▼ 토글 목록 기능을 이용하면 클릭 한 번으로 아래 내용들을 펼치거나 숨길 수 있어요
- ▹ 이렇게 한 칸 들여쓰기는 'Tab' 키를 누르면 적용되고요
- ▹ Shift + Tab을 누르면 들여쓰기 이전 상태로 돌아갈 수 있습니다

이로써 무조건 따라 해보기 첫 번째 과정이 끝났습니다. 어때요? 참 쉽죠? 이렇게 8개의 과정만 더 따라 해보면 노션 마스터의 길이 멀지 않습니다. 그럼 쉬지 않고 바로 두 번째 과정으로 넘어가시죠.

> **ℕotice**
> 노션 블록은 마지막 글자에서 엔터키를 치면 그 다음 줄에도 이전 줄 입력 옵션이 유지됩니다. 토글 목록을 입력할 때 매번 선택하지 말고, 이전 줄에서 엔터를 눌러 같은 옵션을 적용시켜 보세요.

따라 해보기 02
다양한 기본 블록 만들기

이번 과정은 입력 방법 중 **콜아웃, 번호 매기기 목록, 페이지**와 꾸며주는 옵션
으로 **코드로 표시**를 적용해 구성해 봤습니다.

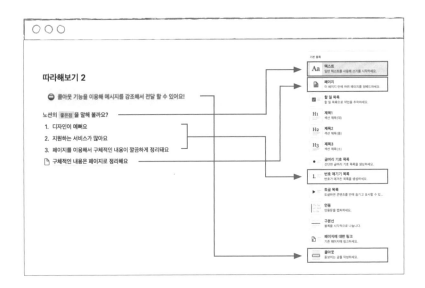

1. 콜아웃 사용하기

첫 번째 줄은 입력 방법 중 **콜아웃** 옵션을 선택하면 아래와 같이 강조 표시 마크가 생기고 원하는 글씨를 입력해 줄 수 있습니다. 생김새처럼 공지나 알림을 표시할 때 사용할 수 있겠죠?

2. 코드로 표시 사용하기

텍스트를 강조할 때는 **코드로 표시**를 사용합니다. '노션의 좋은 점을 말해 볼까요?' 에서 '좋은 점'이란 글씨가 다르게 보이죠? '좋은 점'이란 글자를 마우스로 드래그하고 팝업되는 메시지 중 < > (코드로 표시)를 선택하여 표현할 수 있습니다.

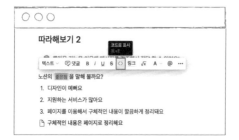

3. 번호 매기기 목록 사용하기

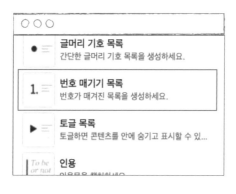

노션에서 번호를 매겨야 할 경우, **번호 매기기 목록**를 사용합니다. 다음과 같이 번호를 넣어 텍스트를 완성합니다. 1번 항목을 적고, 엔터를 치면 번호 매기기 목록 옵션이 다시 적용됩니다. 바로 2번 항목을 적으면 됩니다.

따라해보기 2

💬 콜아웃 기능을 이용해 메시지를 강조해서 전달 할 수 있어요!

노션의 **좋은점** 을 말해 볼까요?

1. 디자인이 예뻐요
2. 지원하는 서비스가 많아요
3. 페이지를 이용해서 구체적인 내용이 깔끔하게 정리돼요
📄 구체적인 내용은 페이지로 정리해요

4. 페이지로 구체적인 내용 정리하기

내용이 많을 경우는 **페이지** 옵션을 써서 별도의 공간(페이지)을 만들고 정리하는 게 깔끔합니다. 방법은 입력 방법 중 **페이지**를 선택해줍니다. 그러면 아래와 같이 빈 페이지가 화면에 생성됩니다. 제목 없음 이라고 쓰인 공간에 페이지의 제목을 넣어 주면 됩니다. '구체적인 내용은 페이지로 정리해요' 였으니 똑같이 넣어봐 주세요.

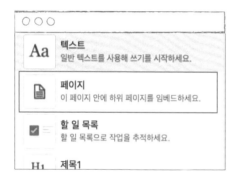

따라해보기 2

💬 콜아웃 기능을 이용해 메시지를 강조해서 전달 할 수 있어요!

노션의 **좋은점** 을 말해 볼까요?

1. 디자인이 예뻐요
2. 지원하는 서비스가 많아요
3. 페이지를 이용해서 구체적인 내용이 깔끔하게 정리돼요

📄 구체적인 내용은 페이지로 정리해요

이렇게 하면 따라 해보기 두 번째 과정도 클리어했네요. 따라 하다 보니 어느새 페이지도 하나 만들었습니다. 이제 페이지 만들기 과정을 통해 이미지, 비디오, 북마크, Google 지도를 추가하는 방법을 연습해 보겠습니다.

따라 해보기 03
페이지에 기본 블록 추가하기

이번 과정은 뭔가 다양한 화면이 보이는 것 같죠? 걱정하지 마세요. 하나 하나 천천히 따라가 보면 이번 과정도 금세 통과할 수 있을 겁니다.

페이지 만들기 과정 예제

페이지 만들기 과정은 입력 방법 중 **텍스트, 번호 매기기 목록, 이미지, 동영상, 북마크, 페이지에 대한 링크, Google Maps**를 적용했고, 아이콘과 커버(아이콘 추가, 커버 추가)를 적용해 보겠습니다.

1. 페이지에 아이콘 추가하기

먼저 페이지에 아이콘을 추가해 볼게요. 따라 해보기 02과정에서 만들어 놓은 페이지 제목 위쪽으로 마우스 포인터를 가져가보면 아래 이미지와 같이 회색 글씨로 **아이콘 추가, 커버 추가** 글씨가 보입니다.

여기서 먼저 **아이콘 추가**를 선택하면 임의의 아이콘이 하나 생기고, 다시 그 아이콘을 선택하면 두 번째 이미지와 같이 선택할 수 있는 다양한 아이콘이 보입니다. 원하시는 아이콘을 선택하면 됩니다.(전 풍선 아이콘을 선택했습니다.)

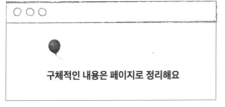

2. 페이지에 커버 추가하기

이어서 페이지에 커버를 추가해 보겠습니다. 페이지 커버에 이미지가 있으면 아주 고급스러워 보입니다.

위의 이미지에 보이는 **커버 추가**를 클릭만 하면 바로 임의의 커버 사진이 배치됩니다.

커버 사진을 바꾸고 싶다면 사진 위에 마우스를 올려 **커버 변경**을 선택, 원하는 사진으로 변경이 가능합니다.

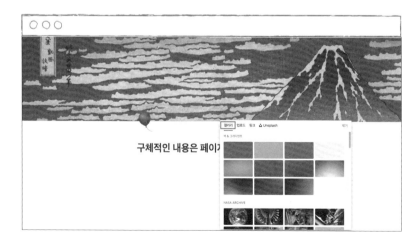

3. 페이지에 텍스트 추가하기

다음과 같이 텍스트를 추가합니다. 두 번째 줄은 **번호 매기기 목록**을 이용하여 입력해 봅니다.

4. 페이지에 이미지 블록 만들기

이제, 3개의 블록 만드는 과정을 상세히 설명드릴게요. **이미지** 옵션을 선택하면 아래와 같은 메뉴가 뜰 거예요.

이미지를 입력하는 방법은 총 3가지가 있어요.

- 〈업로드〉: 내가 가진 이미지를 직접 올리는 경우
- 〈링크 임베드〉: 사용하려는 이미지의 Link(주소)를 알고 그 Link를 불러오는 경우
- 〈Unsplash〉: 저작권이 무료인 사이트에서 이미지를 검색해 바로 가져오는 경우

> **Notice**
> 〈Unsplash〉는 원래 없던 메뉴인데 유저들의 요구를 적극 반영해 노션 팀에서 업데이트한 메뉴예요. 유저들의 피드백에 대한 노션 팀의 업데이트가 빠른 점도 노션을 사용하는 또 하나의 장점입니다.

Unsplash를 클릭하여 이미지 블록을 추가합니다.

이미지가 추가되면 선택한 이미지가 페이지 상에 표시되는데 마우스를 이
미지 위에 가져가면 아래 그림처럼 우측 상단으로 **캡션**과 **원본**, •••메뉴가
생깁니다.

캡션을 선택하면 사진 밑으로 설명을 추가할 수 있고, **원본**은 사진 원본을 보는 것, 을 선택하면 관련 메뉴들을 확인할 수 있습니다.

아! 그리고 이미지 양쪽을 보면 **검은색 바(Bar)**가 보일 텐데요, 여기에 마우스를 가져가 대고 좌우로 움직여 보면 이미지가 커졌다 작아졌다 하며 크기를 조절할 수 있습니다.

이제 이미지 블록을 다 만들어봤습니다. 충분히 따라 할 만하죠? 쉬지 말고 동영상 블록으로 가보아요. 동영상 블록도 방식은 동일해요.

따라 해보기 04
페이지에 미디어 블록 추가하기

1. 페이지에 동영상 추가하기

동영상도 이미지와 마찬가지로 비디오를 업로드할 수 있는 방법들을 제공
합니다. 그중 하나가 YouTube 같은 온라인에 이미 등록된 영상의 링크를
입력해 영상을 가져오는 <링크 임베드>가 있고, 내가 가진 동영상을 직접
올리는 <업로드> 메뉴가 있습니다. 어떤 메뉴를 선택하든 표시되는 방식
은 동일합니다. 따라 해보기 예제에서는 유튜브의 영상을 링크를 통해 가
져왔습니다. 여러분도 유튜브의 아무 영상 링크나 넣어서 테스트를 해보
세요.

먼저, 입력 방식 중 **동영상**을 선택합니다. 유튜브 링크를 복사하여 아래에
붙여 넣고, **동영상 임베드**를 클릭합니다.

다음과 같이 비디오가 바로 추가됩니다.

동영상 옵션 역시 이미지 옵션과 동일하게 마우스를 영상으로 옮기면 우측 상단에 메뉴가 뜨고, 양쪽 사이드에 **검은색 바(Bar)**가 생겨 크기를 조절할 수 있습니다.

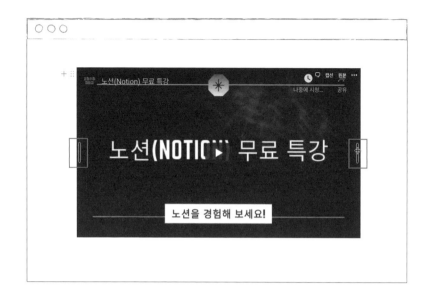

2. 페이지에 북마크 추가하기

마지막으로 북마크 옵션을 이용해 따라 해보기 예제를 마스터해 볼까요?
북마크라고 쓰여 있지만 사실 URL 주소라고 생각하면 됩니다. 인터넷
상의 여러 글을 모으는데 유용한 블록입니다. 노션 페이지에 불러오려는
Web 상의 URL 주소를 복사한 후, 입력 방법 중 **북마크**를 선택하고 해당
링크를 붙여 넣기 합니다. (저는 제 브런치 플랫폼 주소를 적어봤습니다.)

북마크의 오른쪽 상단의 설정 버튼을 클릭하여 **캡션**을 선택하여 설명을 추가할 수 있습니다.

Peter Kim의 브런치

경험수집잡화점 크리에이터 | 미지의 인생을 발견해 나가는 인생 탐험가. 실험을 좋아하고 시도를 통해 다양한 경험을 수집하는 경험수집러. 경험수집잡화점 운영 중.

🔗 https://brunch.co.kr/@reading15m/

북마크도 가능해요!

이렇게 해서 **이미지, 동영상, 북마크** 옵션까지 따라 해보기를 마쳤네요.

3. 페이지 안의 미디어 위치 바꾸기

따라 해보기에는 3개의 블록이 옆으로 나란히 있는데 실제로 해보면 3개의 블록이 아래로 쪽 생길 거예요. 그럴 때는 아래쪽에 있는 블록의 🎛️메뉴를 마우스로 잡아 이미지 블록 옆으로 끌어 놓으면 됩니다. 마찬가지로 북마크 블록도 비디오 블록 옆에다 마우스로 끌어 놓으면 따라 해보기 예제에서 보여준 화면으로 설정될 거예요. 마우스로 드래그할 때 블록이 이동해서 놓일 위치가 **파란 바(Bar)**로 표시가 되니 쉽게 확인할 수 있을 거예요.

이번 과정에서는 **페이지에 대한 링크**와 **Google Maps**를 사용해 보겠습니다. 기억을 돕기 위해 페이지 만들기 과정 예제를 다시 가져왔어요. **구분선**으로 나누어진 윗부분을 이제 끝냈으니 아랫부분을 바로 시작해 봐요.

4. 페이지에 대한 링크 추가하기

페이지에 대한 링크는 기존에 이미 존재하는 페이지로 이동하는 **바로 가기** 기능입니다. 단계를 거치지 않고 바로 한 번에 갈 수 있으니 참조가 필요하거나, 연관성이 있는 페이지를 연결해 주면 아주 좋아요. 방법은 간단합니다.

입력 방법 중 **페이지에 대한 링크**를 선택하면 아래와 같이 기존의 페이지들이 나열됩니다. 페이지가 많을 경우 검색도 가능합니다.

이 중 연결을 원하는 페이지를 선택하면 아래 그림과 같이 페이지 제목으로 바로 가기 링크가 생깁니다.

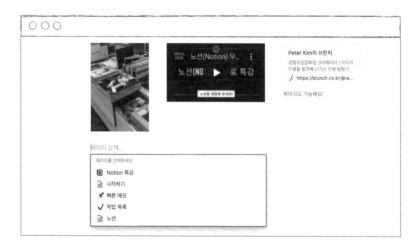

이 링크를 누르시면 해당하는 페이지로 바로 가게 되는 거죠.

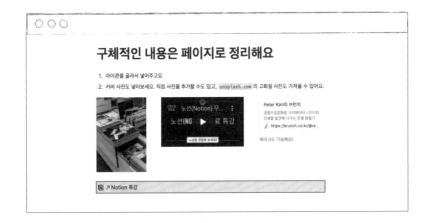

5. 페이지에 Google 지도 추가하기

이번에는 구글 지도를 추가해 보겠습니다. **텍스트** 입력으로 'Google Maps 로 지도 삽입'이라는 문구를 적어 주고, 다음 줄에 입력 옵션 중 **Google Maps**를 선택합니다.

아래와 같은 주소 입력 창이 하나 뜰 거예요. 여기에 **Google Maps**에서 원하는 장소를 검색한 후 생성된 주소를 복사해 주면 됩니다. 저는 서울역을 검색해서 주소를 붙여 넣기 해봤어요.

Google Maps 사이트로 이동해서 원하는 장소를 검색하고 **공유 – 링크복사** 과정으로 **URL 주소**를 복사합니다. 그리고 그 주소를 위의 주소 입력란에 입력하고 엔터키를 입력하면 아래와 같이 Google Maps의 지도 데이터를 가져옵니다. 그냥 이미지로 가져오는 게 아니라 사방으로 이동도 가능하고 확대/축소도 가능합니다.

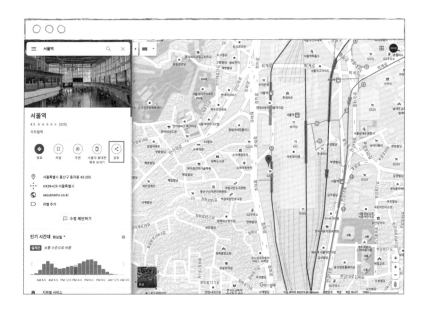

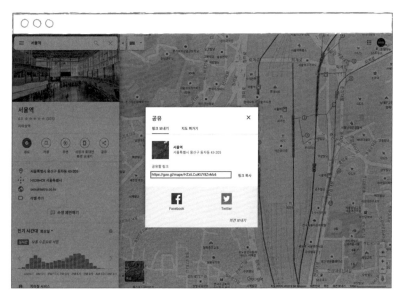

구체적인 내용은 페이지로 정리해요

1. 아이콘을 골라서 넣어주고요
2. 커버 사진도 넣어보세요. 직접 사진을 추가할 수도 있고, `unsplash.com` 의 고화질 사진도 가져올 수 있어요.

Peter Kim의 브런치

경험수집잡화점 크리에이터 | 미지의
인생을 발견해 나가는 인생 탐험가.

🔗 https://brunch.co.kr/@re...

북마크도 가능해요!

🅝 ↗ **Notion 특강**

Google maps 로 지도 삽입

따라 해보기 05
노션에 표(Table) 보기 만들기

앞의 과정을 통해 다양한 입력 방법에 대해 조금은 익숙해지셨나요? 이렇게 여러 입력 방법을 활용해서 페이지들을 생성하고 나면 페이지들을 다양한 형식으로 모아서 보여줄 수 있는 옵션이 노션에는 많습니다. 다양한 보기를 쉽게 설정해서 나이스하게 보여주는 게 노션의 큰 장점 중 하나라고 생각합니다.

이번에는 따라 해보기 과정을 통해 6가지 보기 형태를 익혀보도록 하겠습니다. **속성**이 가장 중요한 키워드가 될 테니 미리 기억해 두세요! 형태는 6가지가 있지만 결국은 이 속성을 조정하는 동일한 콘셉트입니다. 자, 들어가 보시죠~

가장 먼저 따라 해볼 보기 형태는 **표(Table)** 보기입니다. 아래와 같이 표 형태의 보기를 제공합니다. 여기에 보이는 각 행이 하나의 **페이지**라고 생각하면 됩니다.

즉 아래 표에는 <영어를 가르쳐 드려요>, <영상편집을 가르쳐 드려요>, <노션을 가르쳐 드려요> 이렇게 3개의 페이지가 있는 겁니다.

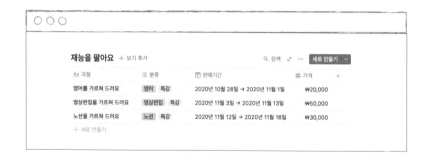

하나하나 추가해 볼 테니 잘 따라와 보세요. 지금은 잘 이해가 안 돼도 따라 하다 보면 점점 감이 올 거예요. 그리고 직접 데이터를 입력하다 보면 확실해질 겁니다.

1. 표 보기 선택하기

입력 방법 중 **표 보기**를 선택합니다.

그러면 (이미 데이터베이스를 가지고 있다면) 기존의 데이터베이스를 불러올 수 있는 화면과 새 데이터베이스를 생성할 수 있는 메뉴가 우측에 나타납니다. 여기서 새 데이터베이스 생성 버튼을 눌러주면 새로운 표 보기 데이터베이스가 생성되고 아래 같은 빈 표가 생길 거예요.

제목 없음이라고 쓰여 있는 부분이 표의 이름을 적는 공간입니다. 예제의 제목인 '재능을 팔아요'를 적어 주면 되겠죠?

예제는 4개 열인데, 생성된 표는 3개의 열이죠. 파일이라고 써진 열의 오른쪽에 버튼을 눌러주면 하나의 열이 추가됩니다. 그리고 각 열의 이름과 열 속성을 예제와 맞춰 봐야죠?

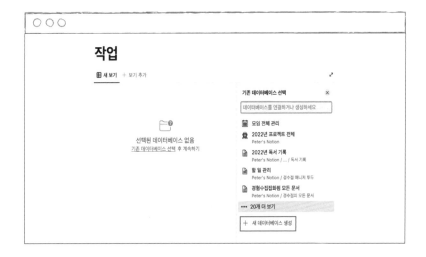

2. 행과 열 추가하기

열 첫 행의 이름을 바꾸어 주려면 해당하는 열 제목을 마우스로 클릭해 주면 됩니다. 그러면 다음과 같이 팝업 메뉴가 하나 뜨는데 거기에서 이름 바꾸기를 선택하고 그곳에서 원하는 이름으로 변경해 주면 됩니다. 여기선 예제와 같이 '과정'으로 변경합니다.

작업

⊞ 표

제목 없음

Aa 이름

☰ 태그   + ...

- ✐ 이름 바꾸기
- ☰ 속성 편집

- ↑ 오름차순
- ↓ 내림차순
- ☰ 필터

작업

⊞ 표   + 보기 추가   필터 정렬 🔍 ⤢ ...   **새로 만들기** ⌄

제목 없음 ...   ← 속성 편집   ✕

Aa 이름   ☰ 태그   과정

                                     유형   Aa 제목

+ 새로 만들기

                계산 ⌄

작업

⊞ 표

제목 없음

Aa 과정   ☰ 태그   + ...

+ 새로 만들기

---

3. 날짜 속성 추가하기

두 번째 열의 태그는 예제와 동일합니다. 예제의 세번째 열은 판매기간 인데 새로 만든 표에는 세번째 열이 없죠. 두번째 열 옆에 ➕버튼을 누르면 새로운 열을 추가할 수 있습니다. 새로운 열에 들어갈 제목과 유형을 선택할 수 있습니다. 유형을 클릭하면 다양한 형태의 유형을 선택할 수 있어요. 각 유형마다 입력받는 형태가 달라지니 한번씩 클릭하면서 살펴보시면 좋습니다. 여기는 판매기간을 표시할 거라 '날짜' 유형을 선택해볼게요.

NEW 한 권으로 끝내는 노션 NOTION

4. 숫자 속성 추가하기

동일한 콘셉트로 판매 기간 열 우측에 ➕로 추가한 열에 이름을 '가격'으로 바꾸고 속성은 **숫자**를 선택합니다. (숫자 속성은 숫자를 입력할 때 사용합니다.)

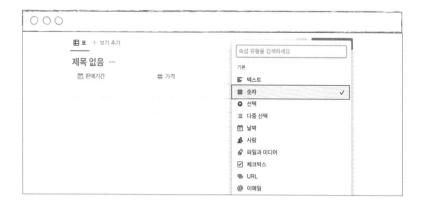

5. 날짜 속성 지정하기

이제 표의 속성 및 환경 설정은 끝이 났네요. 표의 내용을 입력해 봐야겠죠? 예제를 보고 빈칸을 예제와 같이 채워 보세요. 빈칸에 마우스를 클릭하면 커서가 생겨 글자를 입력할 수 있습니다.

'과정' 열은 쉽게 따라 쓸 수 있겠죠? 그러나, **태그** 열은 아마 예제랑 여러분이 입력하신 거랑 태그 색상이 다를 거예요. 노션에서 색상은 랜덤하게 부여합니다.

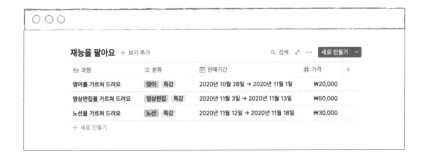

아마 '판매 기간'과 '가격' 열은 예제와 같이 표시 되지 않을 거예요. 먼저 '판매 기간' 열을 보면 일자가 하나만 입력되고 언제부터 언제까지로 끝나는 일정은 안 나옵니다. 이렇게 끝나는 시간을 표시하기 위해서는 설정이 필요합니다. 판매 기간 열의 첫 번째 칸을 클릭하면 다음과 같이 설정 화면이 뜹니다. 설정 화면에서 **종료일**을 **Enable**(on)로 바꾸면, 끝나는 일정을 지정할 수 있게 변경됩니다. 그 후 끝 일자를 선택해 주면 됩니다. 여기서는 예제와 같이 11월 1일을 선택했습니다.

6. 가격 속성 적용하기

마지막 '가격' 열은 기본적으로 숫자가 들어가는데, 해당 숫자가 들어있는 칸에 마우스를 가져가면 아래 그림과 같이 123이라고 적힌 작은 버튼이 나타납니다. 이 버튼을 클릭하면 숫자나 통화의 형태를 선택할 수 있습니다. 여기선 예제와 같이 원을 선택해 줍니다.

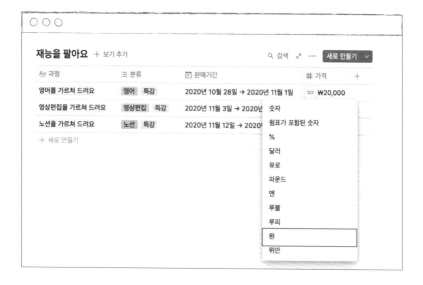

7. 태그 색상 변경하기

태그 열에 태그를 입력할 때 색상이 랜덤으로 부여됩니다. 그런데 색상을 바꾸고 싶다면 태그가 적혀 있는 칸을 마우스로 클릭하고 해당 태그의 우측 끝에 있는 ••• 을 선택하면 됩니다.

예제에는 총 3개의 페이지가 포함됩니다.

'과정' 열의 각 칸에 마우스를 가져가면 **열기**란 메뉴가 활성화되는데 이걸 클릭하면 페이지가 열립니다. 우리가 지금까지 계속 만들었던 그 **페이지** 말이죠. 태그, 판매 기간, 가격 같은 열 정보는 이 페이지의 속성이 됩니다. 그 페이지에서 말하고자 하는 세부 내용은 내용이 들어가는 아래쪽에 정리하면 됩니다.

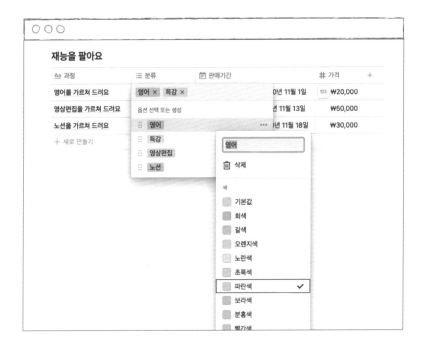

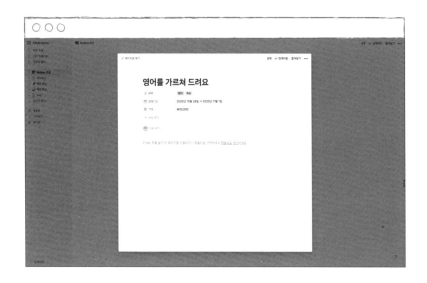

따라 해보기 06

노션에 보드 보기 만들기

따라 해보기 06 과정입니다. 이 과정은 다양한 보기 형태 중 페이지를 카드타입으로 표현해 각 상태별로 관리할 수 있는 보기입니다. 아마 회사에서 프로젝트 관리를 해보신 분이라면 한번쯤은 써 보셨을 거예요.

각 단계별로 할 일 카드를 배치해서 '해야 할 일 → 진행 중 → 완료' 이런식으로 옮기며 일하곤 했습니다. 보드를 이용하여 프로젝트 관리를 구현해 보겠습니다.

1. 카드 블록 추가하기

먼저 입력 방법 중 **보드 보기**를 선택합니다. 그리고 아래 그림과 같은 데이터 베이스 화면에 우측 하단에서 '➕ 새 데이터베이스 생성'을 선택해줍니다. 그럼 기본 형태의 보드 템플릿이 생깁니다. **제목 없음**이라고 쓰여 있는 곳은 제목을 쓰는 곳이니 예제대로 '프로젝트 관리'라고 적어 줍니다. 기본

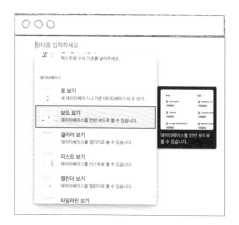

템플릿에는 상태 없음에 카드 3개가 기본으로 생성되어 있네요. 이 카드 하나하나가 앞서 사용했던 페이지입니다. 지금 우리는 많은 페이지를 가지고, 어떤 형식으로 보여줄지를 계속 연습하고 있습니다.

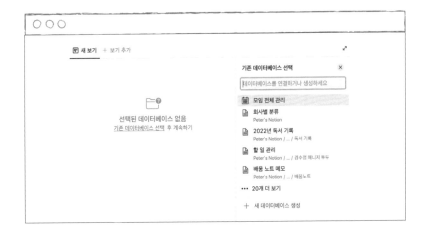

2. 카드 내용 입력하기

예제와 기본 템플릿은 각 상태의 이름이 다르죠? 이름은 각 상태를 마우스로 클릭하면 변경할 수 있습니다. 이제 각 카드(페이지)를 열어서 내용을 입력해 볼까요?

앞서 말씀드렸지만 카드 형태로 보이던 게 열어보니 이제는 제법 익숙해진 페이지 형태였다는 거 이해하셨죠? '카드 1'이 페이지의 제목이었던 거죠.

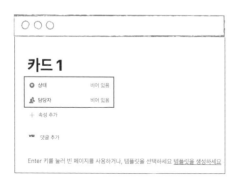

그 아래로 **상태, 담당자**라는 속성들이 보이네요. 여기서는 **속성**을 추가하는 방법을 익혀 볼 거예요.

3. 프로젝트 상세 내용 입력하기

앞서 만들었던 보드 기본 템플릿에 카드 1, 2, 3 중 '카드 1'을 더블 클릭하여 열어보세요. 당연히 이것 역시 페이지죠.

'카드 1'이란 이름을 예제와 같이 '할일 1'로 바꾸어 줍니다. 그 후 아래 그림에 **+ 속성 추가**를 누르면 **속성**을 추가할 수 있습니다.

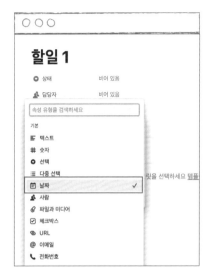

속성을 추가한 후 이름을 '기간'으로 바꾸어 주고 날짜를 표시하기 위해 만든 **속성**의 속성 유형을 **날짜**로 변경합니다.

그리고 예제와 같이 각 **속성**의 값을 똑같이 입력합니다. **담당자**는 인원을 할당해 주는 속성입니다. 여기를 클릭하면 그 일을 담당할 인원을 지정해 줄 수 있죠.

예제는 제 이름(Peter Kim)으로 되어 있는데, 여러분이 할 땐 자신의 이름이 보이실 거예요. 여기에 다른 사람들을 할당하고 싶다면, 유료요금제 중 팀 요금제를 이용해야 합니다. 팀 요금제를 통해 추가된 인원들의 이름이 활성화되어 할당해 줄 수 있습니다. (팀 요금제 관련해서는 '노션은 무료?유료?'의 요금표를 참고하세요.)

4. 속성 확인하기

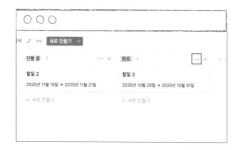

마지막으로 한 가지 더 알려 드릴 게 있어요. 이건 앞서 따라 해봤던 표 보기나 지금 보드 보기, 그리고 나머지 다양한 보기에서도 동일하게 적용되는 기능인데요. 각 템플릿의 우측 상단에 보면 ●●●이 있어요. 이 부분을 선택하면 다양한 메뉴가 뜨는데 이 중 **속성**을 선택합니다.

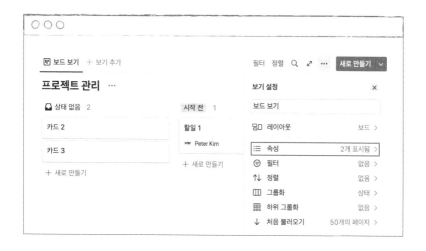

속성 메뉴에 보면 '보드에 표시하기' 영역과 '보드에서 숨기기' 영역이 구분되어 있어요. 여기에서 각 속성의 이름 옆에 눈 모양 아이콘을 클릭해서 보고 싶은 속성과 숨기고 싶은 속성을 결정할 수 있어요. 비교해보면 확실히 아시겠죠?

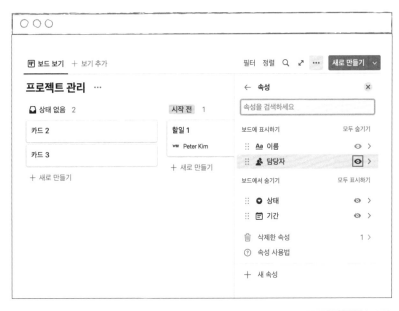

담당자와 기간을 모두 보이도록 설정한 화면

5. 그룹화로 정렬하기

여러 프로젝트를 진행하다 보면 책임자별로, 프로젝트 상태별로 정렬해야 하는 경우가 종종 있습니다. 그때 **그룹화**를 이용하면 됩니다.

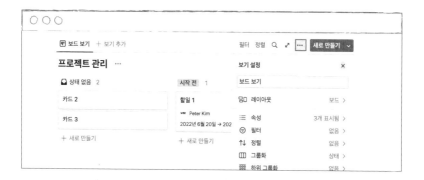

보드 템플릿에서 우측 상단의 ●●● 을 눌러 메뉴를 불렀죠. 여기에 **그룹화**라는 메뉴가 있습니다. 기본은 상태로 정렬이 되어 있고, (책임자)담당자를 선택해 주면 아래 그림과 같이 담당자로 할당된 인원별로 카드가 정렬된 걸볼 수 있죠? 프로젝트를 하다 보면 내 일만 모아서 보고 싶기도 하잖아요? 그럴 때 이렇게 담당자별로 정렬을 할 수 있습니다.

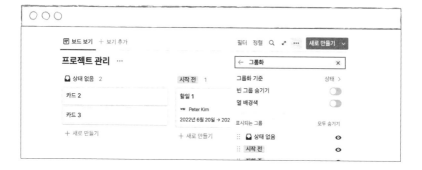

이 메뉴를 선택하여 상태별로 정렬할지, (책임자)담당자별로 정렬할지 옵션을 선택하면 됩니다.

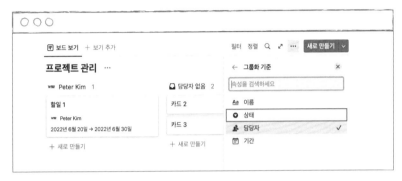

상태별로 정렬

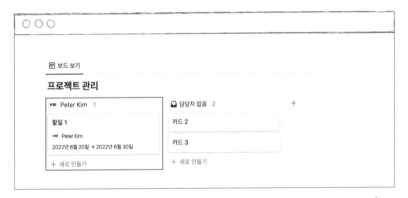

담당자별로 정렬

벌써 여섯 가지 보기 형태 중 2가지를 따라 해봤네요. 다음은 갤러리 보기를 따라 해볼 텐데, 제 생각엔 갤러리 보기가 가장 있어 보이는 방식인 것 같아요. 쉽게 배워서 효과적으로 활용해 볼까요?

따라 해보기 07
노션에 갤러리 보기 만들기

이번 과정은 갤러리 보기 형태를 익혀보는 과정입니다. 아래 그림 같이요. 포트폴리오 1, 2, 3처럼 이미지를 보여주는 포트폴리오를 완성해 보겠습니다.

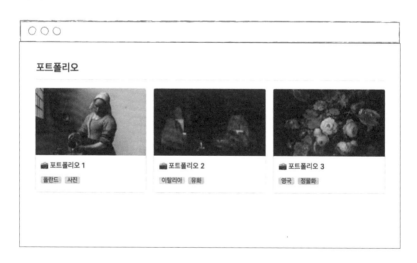

1. 갤러리 보기 추가하기

먼저 입력 방법 중 **갤러리 보기**를 선택해주세요.

아래와 같이 빈 갤러리 보기 템플릿이 나옵니다. 여기에서 우측 하단의 '➕ 새 데이터베이스 생성'을 선택하는 거 아시죠? 제목도 '포트폴리오'로 바꿔보세요. 습관적으로 제목 없음을 '포트폴리오'라는 제목으로 고치고 있으시겠죠? 그런데 어째 한 개의 페이지 크기부터 예제와는 다른 것 같네요. 하나하나 따라해 보면서 익혀가보죠.

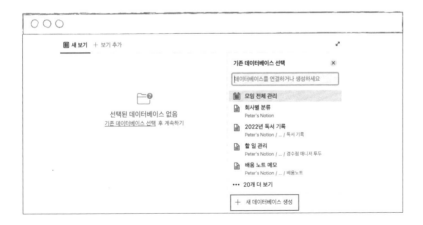

2. 페이지 내용 추가하기

갤러리 보기를 선택해 생성된 기본 템플릿에서 '페이지 1'을 오픈합니다. 이 빈 페이지를 앞에서 본 '포트폴리오 1' 페이지와 같아질 수 있게 따라 해보는 거죠. 페이지를 꾸미는 방법은 앞서 따라 해보기 03 과정에서 이미 마스터했죠. 그 기억을 되살려서 **아이콘 추가**, **커버 추가**를 이용해 아이콘과 커버 사진을 넣어줍니다. 현재는 비어 있는 태그 속성에도 예제와 같이 '폴란드'와 '사진'을 넣어주면 끝! 참 쉽죠?

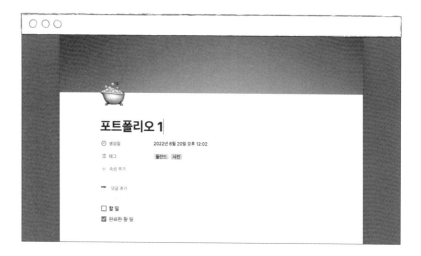

동일한 방법으로 '포트폴리오 2', '포트폴리오 3' 페이지도 만들어 줍니다. 그런데 동일하게 만들어 줘도 이상하게 예제와 기본 템플릿의 모습이 비슷해 보이지 않죠?

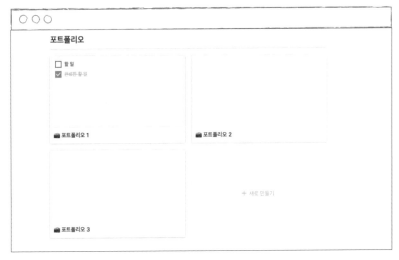

현재 완성된 보기

예제 이미지 보기

이건 템플릿 우측 상단의 ●●●를 클릭해서 **속성**의 옵션을 조절해서 맞출 수 있습니다.

3. 레이아웃 수정하기

레이아웃을 선택하면 다음과 같이 카드 **미리보기** 옵션과 카드 크기 옵션이 보입니다.

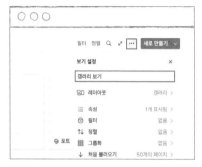

카드 미리보기를 클릭하면 다음의 3가지 옵션이 나타납니다. 갤러리 보기에 보이는 이미지를 어떤 걸 쓸 거냐고 묻는 옵션입니다.

- 〈카드 사용 안함〉 : 이미지를 표시하지 않겠다는 옵션
- 〈페이지 커버〉 : 커버 추가로 넣어준 이미지를 표시하겠다는 옵션
- 〈페이지 콘텐츠〉 : 페이지의 상세 내용이 들어가는 부분에서 제일 처음에 들어가는 이미지를 표시하겠다는 옵션

현재는 페이지 커버에만 사진을 넣었으니 이미지를 보이게 하기 위해 **페이지 커버** 옵션을 선택하면 됩니다.

카드 크기는 갤러리 보기에서 보이는 카드의 크기를 조절하는 옵션입니다.

기본은 중간으로 되어 있는데, 그래서 예제와 기본 템플릿의 카드 크기가 차이가 났던 겁니다. 예제 파일과 똑같이 '**작게**' 옵션을 선택해서 크기를 조정할 수 있습니다.

이렇게 옵션을 조정해 주고 마지막으로 예제 파일과 같이 **태그** 내용도 보일 수 있도록 속성에서 태그를 활성화해줍니다.

자 이제! 예제 파일과 똑같이 아래 템플릿이 바뀌었죠?

따라 해보기 08
노션에 리스트 보기 만들기

벌써 따라 해보기 여덟 번째 과정으로 앞으로 3개의 과정만 통과하면 마스터가 눈앞이네요. 활용 빈도를 볼 때 앞에 쓴 표 보기, 보드 보기, 갤러리 보기가 가장 많이 쓰이니 이미 거의 다 마스터한 거나 마찬가지입니다.

먼저 따라 해보기 예제 파일 공개합니다. 리스트 보기는 굉장히 심플합니다. 무언가를 정리할 때 리스트로 나열하는 경우가 많죠. 가령 '내가 본 영화 리스트'나 '여행지 리스트' 같은 것들 말이죠. 그럴 때 이 리스트 보기를 사용하면 깔끔하게 정리된 형태로 볼 수 있습니다.

○○○

재능을 팔아요

📄 영어를 가르쳐 드립니다　　　　　　　영어　2만원
📄 영상편집을 가르쳐 드립니다　　　　영상편집　5만원
📄 노션을 가르쳐 드립니다　　　　　　　노션　3만원

＋ New

---

1. 리스트 입력하기

입력 방식 중 **리스트 보기**를 선택하면 아래와 같은 기본 템플릿이 생성됩니다.

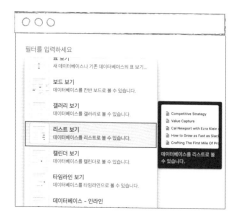

그리고 '➕ 새 데이터베이스 생성'을 선택하고, **제목 없음**은 '재능을 팔아요' 로 수정해 주세요.

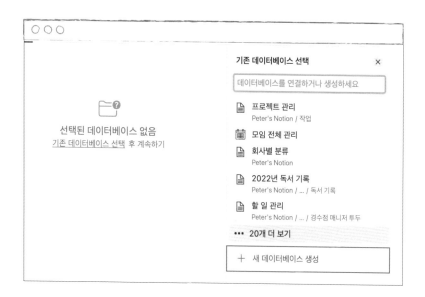

페이지 1을 열어 '영어를 가르쳐 드립니다'라고 제목을 넣습니다. 태그는
'영어', '2만 원'을 추가합니다.

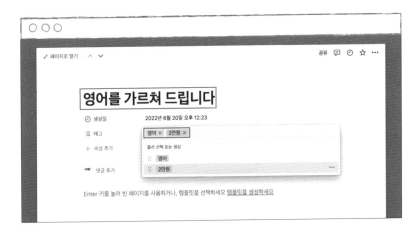

이제 '페이지 2'와 '페이지 3'을 예제와 동일하게 각각 '영상편집을 가르쳐
드립니다', '노션을 가르쳐 드립니다'로 바꾸어 주면 됩니다.

2. 생성일 옵션 추가하기

재능을 팔아요

📄 영어를 가르쳐 드립니다	영어	2만원
📄 영상편집을 가르쳐 드립니다	영상편집	5만원
📄 노션을 가르쳐 드립니다	노션	3만원
＋ 새로 만들기		

완성된 리스트 보기를 보시면 지금은 제목과 태그만 표시가 되어 있습니다. 여기에 작업시간을 넣어주는 **생성일** 옵션을 추가해 보겠습니다.

리스트 우측 상단의 ••• 을 눌러서 메뉴가 팝업되면 **속성**을 선택합니다.

＋ ⠿ **재능을 팔아요** ＋ 보기 추가　　　🔍 검색　⤢　•••　**새로 만들기** ∨

📄 영어를 가르쳐 드립니다	영어	2만원
📄 영상편집을 가르쳐 드립니다	영상편집	5만원
📄 노션을 가르쳐 드립니다	노션	3만원
＋ 새로 만들기		

🗐 리스트 보기　＋ 보기 추가　　　필터　정렬　🔍　⤢　•••　**새로 만들기** ∨

재능을 팔아요 •••　　　　　보기 설정　　　　　　✕

📄 영어를 가르쳐 드립니다　　　　리스트 보기

📄 영상편집을 가르쳐 드립니다　　▯▯ 레이아웃　　　　리스트 〉

📄 노션을 가르쳐 드립니다　　　　⋮≡ 속성　　　　　1개 표시됨 〉

＋ 새로 만들기　　　　　　　　　◎ 필터　　　　　　　없음 〉

　　　　　　　　　　　　　　↑↓ 정렬　　　　　　　없음 〉

이곳에서 리스트 보기에 보여주고자 하는 항목을 활성화/비활성화할 수 있습니다. 여기서는 태그 외에 **생성일**을 더 활성화해 보겠습니다.

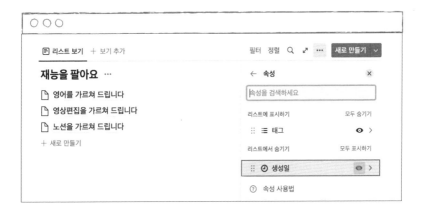

이렇게 **생성일** 항목을 활성화시키면 아래와 같이 태그 오른쪽으로 페이지 생성 시간이 표시되는 걸 확인할 수 있습니다.

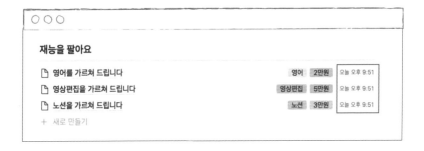

NEW 한 권으로 끝내는 노션 NOTION

3. 리스트 보기 변경하기

한 가지 더 추가로 따라해보면, **속성**에서 활성화시켜 리스트 보기에 보이는 항목들의 순서를 변경해 줄 수도 있습니다. 현재는 태그가 왼쪽, **생성일**이 오른쪽에 있습니다. 우측 상단의 ••• 을 선택 후 **속성** 항목에서 각 아이템을 마우스로 클릭 후 드래그하여 순서를 바꾸면 바로 변경되는 것을 확인할 수 있습니다.

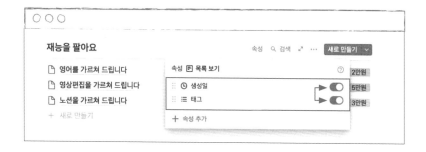

바로 이렇게 말이죠.

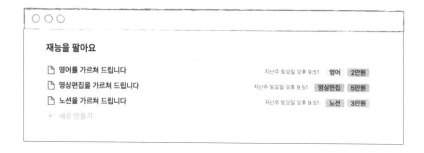

리스트 보기를 사용해본 따라 해보기 08 과정이 끝났습니다. 다음 장에서는 캘린더를 이용한 노션을 알아보겠습니다.

노션에 캘린더 보기 만들기

페이지를 만드는 방법을 익히고, 그렇게 만든 페이지들을 다양한 보기로 보여주는 연습을 해보고 있는데 이번에 따라 해보기는 캘린더입니다. 예제부터 보면 여러분이 흔히 보는 캘린더 맞습니다.

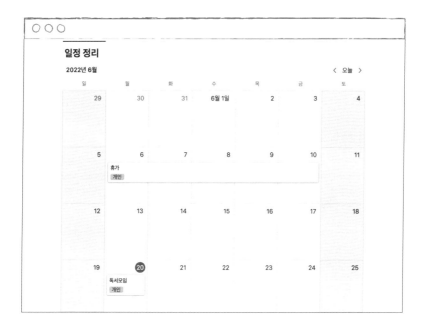

1. 캘린더 추가하기

입력 방법 중 **캘린더 보기** 옵션을 선택한 후 '➕ 새 데이터베이스 생성'을 선택을 선택하면, 아래와 같이 빈 달력 형태의 템플릿이 생성됩니다.

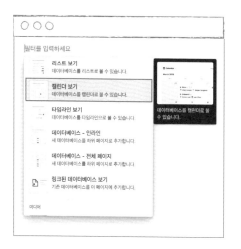

각 날짜에 마우스를 가져가면 ➕ 표시가 나오는데 그걸 누르면 일정을 입력할 수 있습니다. 이런 일정 하나하나가 예상하셨듯이 페이지가 되는 거죠.

먼저 11월 17일을 선택해서 예제와 같이 '독서모임' 일정을 만들어 볼까요?

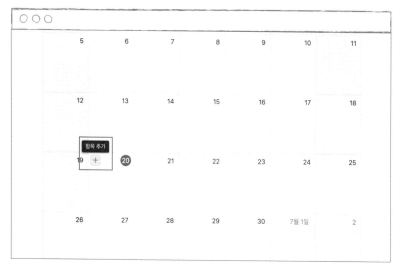

버튼을 누르면 새 **페이지**가 생성됩니다. 제목을 '독서모임'이라고 적어주고, **태그**는 '개인'이라고 적어 줍니다.

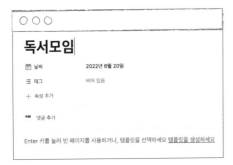

이렇게 페이지에 입력을 마치고 캘린더로 돌아가면 아래와 같이 표시됩니다. 예제 파일에서 보던 거랑은 조금 다르죠? 예제 파일에는 일정 밑에 '개인'이라는 표시가 보였는데, 새로 만든 보기에서는 '개인'이라는 태그가 표시가 안되네요.

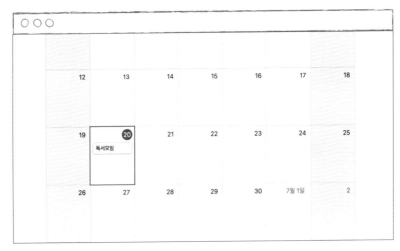

새로 만든 캘린더

이전 따라 해보기에서 **속성**에서 보이는 요소를 보이기/숨기기 할 수 있다고 했었죠. 캘린더도 **속성**에서 속성을 변경할 수 있습니다.

캘린더 우측 상단의 ••• 버튼을 눌러서 **속성**을 선택합니다.

기본으로 태그가 숨기기되어 있어서 앞서 '개인'이라는 태그가 보이지 않았던 거죠. 아래 그림처럼 태그를 보이기로 표시하면 예제와 같이 태그가 보이게 됩니다. 기억하세요! 속성에서 각 속성을 보이게 또는 감추게 할 수 있다는 사실을요!

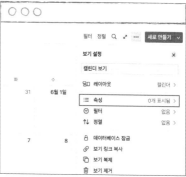

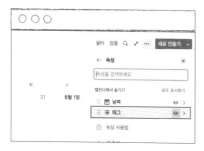

나머지 일정들은 동일한 방법으로 입력하면 됩니다.

그런데 휴가와 프랑스 출장(둘 다 제가 가고 싶은 마음에 바람을 적어본 겁니다. ^^)은 하루가 아니라 며칠에 걸쳐 일정이 잡혀 있네요. 이건 어떻게 하면 될까요?

여름휴가가 6월 5일부터 10일까지라 예정하고, 입력합니다.

일단 5일에 가서 ➕버튼을 눌러줍니다.

페이지가 열리면 '휴가'로 적어주세요. 그리고 **날짜** 항목을 클릭합니다. 날짜 항목에서 날짜를 클릭하면 달력이 나타납니다. 여기에서 **종료일**을 활성화시키면 끝나는 일정을 지정해 줄 수 있습니다. 이것은 앞의 과정에서 해본 건데 기억 나시나요? 기억 나신다면 여러분의 천재적인 머리를 쓰담쓰담 해주세요.

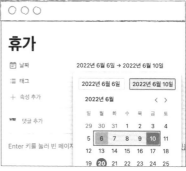

끝나는 일정을 6월 10일로 선택해 주고, 태그도 '개인'이라고 적어주고 나오면 아래와 같이 며칠에 걸치는 일정이 만들어진 걸 확인할 수 있습니다. 남은 프랑스 출장 일정도 동일하게 입력해주면 됩니다.

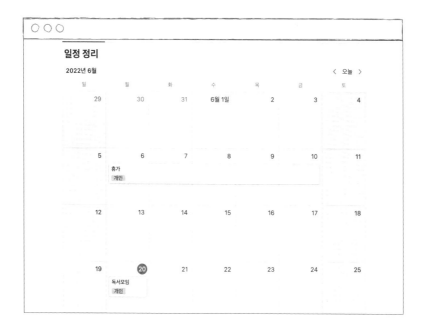

따라 해보기 10
노션에 타임라인 보기 만들기

이번엔 데이터베이스 보기 중 마지막 보기를 연습해볼 차례에요. 이번에 소개해 드릴 타임라인 보기는 유저들의 요청으로 새롭게 추가된 기능이에요. 타임라인 보기는 프로젝트를 관리할 때 엑셀에서 흔히 간트차트라는 형태를 써서 관리하는 경우가 많은데, 이 기능을 대체할 수 있는 유용한 기능이랍니다.

1. 타임라인 추가하기

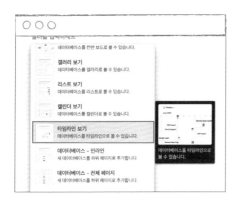

입력 방법 중 타임라인 보기 옵션을 선택하고, '🟦 새 데이터베이스 생성'을 선택하면 아래와 같이 빈 타임라인 형태의 템플릿이 생성됩니다. 제목을 '프로젝트 관리'로 적어볼까요?

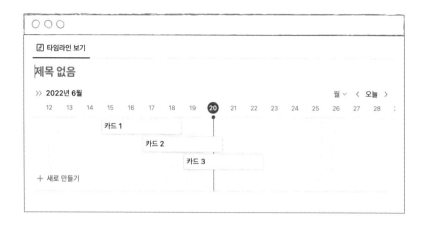

카드 1, 카드 2, 카드 3의 이름을 프로젝트 1, 프로젝트 2, 프로젝트 3으로 바꾸어보세요.

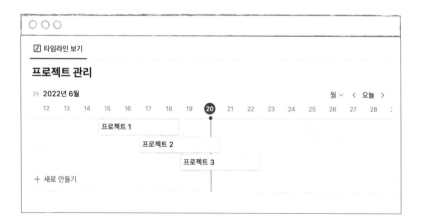

그리고 각 일정은 마우스로 드래그해서 자유롭게 앞뒤로 이동해서 스케줄을 쉽게 조정 할 수 있습니다.

또 각 카드에 앞뒤 부분에 마우스를 가져다 대고 앞뒤로 일정을 자유롭게 늘이거나 줄일 수도 있습니다. 아래 이미지처럼 프로젝트 2의 일정을 늘리고, 3의 일정은 줄여 보시겠어요?

이렇게 자유롭게 일정을 조정하실 수 있습니다. 어떻게 보면 캘린더 보기와 활용이 비슷할 거 같지만 직접 사용해 보시면 분명 캘린더 보기와는 차이를 느끼실 수 있을 거예요. 캘린더 보기는 기간이 길어질 경우 한눈에 들어오지 않고, 항목이 많아질 경우도 더 복잡해 보이는데, 타임라인 보기는 그 두 가지 케이스에 훨씬 깔끔하게 보여줄 수 있으니 잘 활용해 보세요.

이렇게 해서 노션으로 보여줄 수 있는 다양한 보기의 형태를 모두 따라 해 봤습니다.

그럼 끝이냐고요? 아니죠. 아쉬운 마음에 따라 해보기 11번째 마지막 과정을 준비했습니다. 지금까지 연습해본 6가지 보기 형태를 한 번에 쓸 수 있다는 거 아시나요? 표 보기와 갤러리 보기 또는 다른 보기들을 하나의 템플릿에 추가할 수 있다는 말입니다. 연습은 표 보기와 갤러리 보기로 할 거지만, 여러분은 다른 보기도 한번 추가해 보세요. 6가지를 모두 해 보셔도 좋겠네요.

따라 해보기 11
노션에 여러 개의 보기 만들기

 여러분은 이미 노션의 많은 기능을 직접 따라 하며 배우셨습니다. 이 마지막 과정까지 통과하면, 여러분이 구현하고자 하는 것을 기능을 몰라 못하는 일은 거의 없을 거라 생각해요. 그리고 더 Advanced한 기능이 필요할 때에는 이미 노션이 손에 익어 금방 필요한 기능을 찾아 적용할 수 있는 레벨이 되어 있을 겁니다.

마지막 과정 예제입니다.
아! 어디선가 본 거 같지 않나요? 따라 해보기 05 과정에서 봤던 표 보기 예제입니다. 그런데 한 가지 다른 게 있죠. '재능을 팔아요' 옆의 파란 박스를 보면 Drop down 메뉴로 '테이블로 보기'라는 문구가 보이죠? 이걸 눌러보면 '이미지로 보기'라는 메뉴가 나오는데, 이걸 선택하면 아래와 같이 갤러리 보기 형태로 변환되는 걸 볼 수 있습니다.

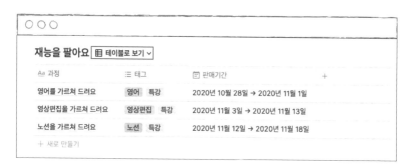

표 보기

갤러리 보기

1. 템플릿 복사하기

천천히 하나씩 따라 해볼까요?

표 보기를 선택해서 따라 해보기 05 과정을 그대로 수행해 볼 수도 있지만, 이번에는 **복제**라는 기능을 써볼 거예요. 기존의 템플릿을 그대로 복사할 때 쓰는 기능입니다. 복붙(복사&붙여넣기)으로 할 수 있는 일을 일일이 다시 치려고 하면 짜증나는 일이잖아요? ^^ 우선 **복제**를 위해 따라 해보기 05 과정에서 만든 템플릿을 열어보세요.

템플릿 좌측 상단 앞에 있는 ⊞를 마우스로 클릭하면 아래와 같은 메뉴가 나오고, 그 중 **복제**를 선택합니다.

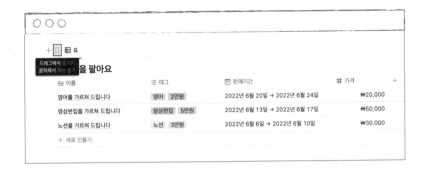

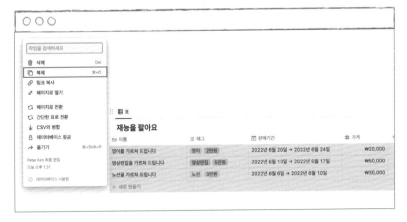

그러면 똑같은 템플릿이 아래쪽으로 하나 생깁니다.

이름만 원래 이름 뒤에 (1)이라는 문구가 추가된 걸 볼 수 있네요.

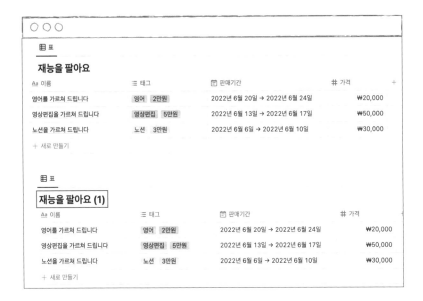

따라 해보기 11 과정에 쓰기 위해 제목을 '재능을 팔아요'로 바꾸어 주고, 필요 없는 열인 '가격' 열은 속성 삭제해줍니다.

'가격'이라고 쓰여 있는 열을 클릭하면 아래와 같은 메뉴가 뜨는데 가장 아래쪽에 **속성 삭제**를 선택하면 가격 열이 모두 삭제됩니다.

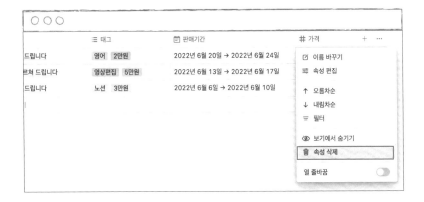

2. 새로운 보기 추가하기

복제를 이용해 템플릿을 복사해 왔으니 본격적으로 예제를 진행해 볼까요? 템플릿 제목의 우측을 보면 흐린 글씨로 **+ 보기 추가**라는 문구가 보이시죠? 이 버튼을 눌러서 새로운 보기를 추가해 줄 수 있습니다.

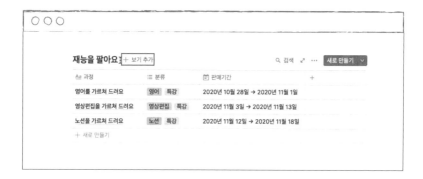

+ 보기 추가를 클릭하면 앞에서 배운 여섯 가지 보기 형태가 쭉 나옵니다. 그중 **갤러리**를 선택해, 보이는 이름을 **이미지로 보기**로 정해줍니다. 그리고 나면 기존에 표라고 보이는 오른쪽으로 이미지로 보기 탭이 하나 생겼을 거예요. (PC에선 이렇게 보이고 모바일에서는 Drop down 형태로 보여서 버튼을 누르면 이미지로 보기 메뉴가 보일거예요. PC에서도 보여줄 수 있는 칸이 좁을 경우엔 Drop down 형태로 보이게 되니 참고하세요)

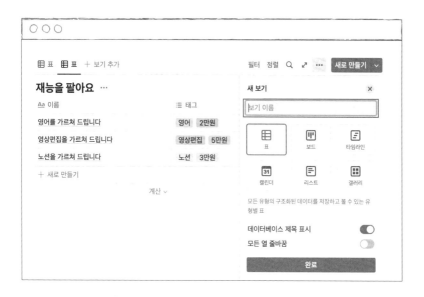

3. 보기 이름 지정하기

표는 이름을 지정해 주지 않으면 기본적으로 '표'라고 표시됩니다. 표라고 써있는 탭에 마우스를 올리고 오른쪽 버튼 클릭하고 '이름 바꾸기' 메뉴를 선택합니다.

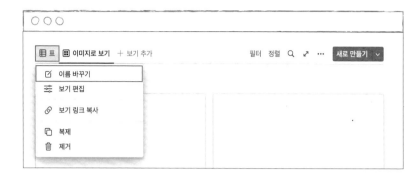

보이는 이름을 **테이블로 보기**로 정해줍니다. 그리고 나면 기존에 표가 테이블로 보기 이름이 바뀝니다.

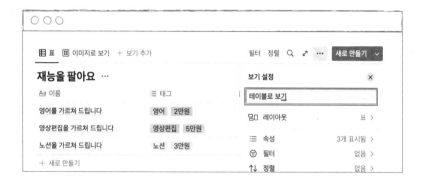

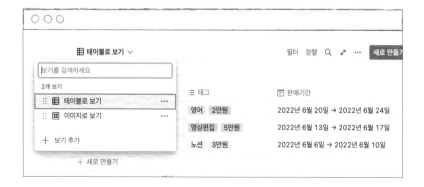

이미지 보기에서도 따라 해보기 07 갤러리 보기 과정에서 다뤘던 것처럼 **레이아웃에 가서 카드 미리보기와 카드 크기를 각각 페이지 커버, 작게로 바꾸어 줍니다.**

그리고 예제와 같이 태그와 판매 기간을 보여주기 위해 두 속성을 모두 보 **이게 해줍니다.** (이렇게 간략히 글로만 말씀드려도 따라올 수 있다면 이미 노션 정복이 눈 앞에 와있는 겁니다. 아니라면 따라 해보기 08 과정을 참조해 보시기 바랍니다.)

이제 각 페이지에 커버 추가 기능으로 알맞은 커버만 넣어 주면 마지막 따 라 하기 과정도 끝이 납니다.

지금은 두 가지 보기를 보이게 했지만 **+ 보기 추가**를 눌러 다른 보기도 얼마 든 지 추가할 수 있습니다.

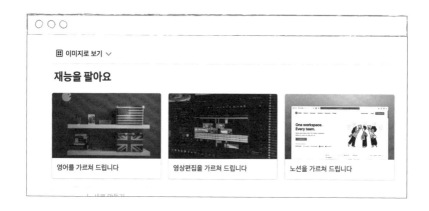

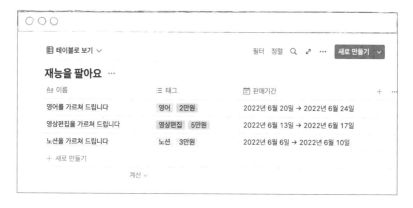

짝짝짝!! 축하드립니다. 이제 활용만이 남았네요. 책의 후반부에 노션을 가지고 활용할 수 있는 구체적인 형태를 준비해 놨으니 참고하면서 여러분의 아이디어를 노션으로 구현해 보세요.

노션을 활용하는 가장 좋은 방법 중 하나가 다른 사람은 노션을 어떻게 쓰는 지 참고하는 거라는 사실을 아세요? 남들이 쓰는 방식을 참고하면, '아이걸 이런 식으로도 써볼 수 있겠구나.'라는 생각이 들면서 아이디어가 뿜

뽑하는 경우가 많더라고요. 심지어 노션 팀은 공식적으로 템플릿을 공유하고 있으니 살펴보지 않을 이유가 없겠죠? **Part 4. 노션 더 잘 쓰기**에 템플릿 사용에 대한 내용이 나와 있습니다.

Part 3
노션 실전 예제 따라 해보기

실전 예제 01
포트폴리오 홈페이지 만들기

들어가기

포트폴리오에 뭘 담아야 할지 어떻게 능력을 뽐내야 할지 잘 모르겠다고요? 남들과 비교해서 특별한 게 없는 것 같다고요? 낙담하지 말고, 일단 노션을 띄워 놓고 자기소개서, 이력서, 포트폴리오, 무엇이든 일단 만들어봅시다. 여러분이 잘하는 것, 좋아하는 것을 이번 기회에 조합해봐요. 여러분 스스로를 상품이라고 생각하고, 여러분이라는 상품을 시장에서 잘 팔기 위해 예쁘게, 깔끔하게 디자인해 봅시다. 노션이 포트폴리오를 멋지게, 쉽고 빠르게 만들도록 도와줄 거예요.

이런 것을 해볼 거예요

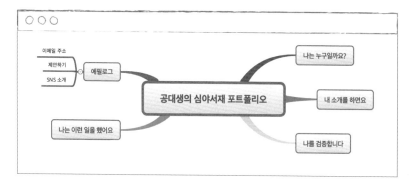

포트폴리오 구조

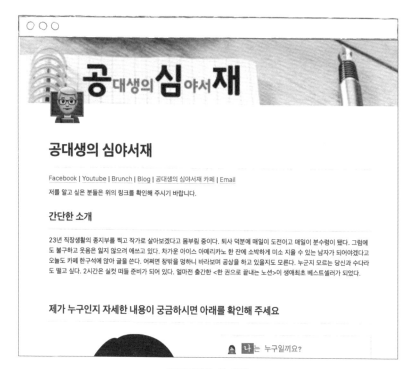

포트폴리오 첫 화면

구조 짜기

포트폴리오의 구조는 이렇게 짭니다. 상단에 타이틀이 찍힌 '표지'가 나오고 그다음 메뉴를 추가합니다. 최상단에는 여러분의 SNS 제목을 텍스트로 입력하고 각 제목에는 SNS의 주소를 붙입니다. 그 아래에는 '간단한 소개'라는 타이틀을 달고 아래에 소개 문구를 배치합니다. 메뉴는 '나는 누구일까요?', '내 소개를 하면요', '나를 검증합니다', '나는 이런 일을 했어요', '에필로그' 로 구성합니다. 노션으로 포트폴리오를 그럴싸하게 만드는 것보다, 여러분이 보유한 능력과 가치를 정리하는 관점으로 이번 실습 과정을 따라 하셨으면 좋겠어요. 포트폴리오도 제작하고 여러분의 가치도 높이는 시간으로 말이죠.

작업은 노션 데스크톱 앱 기준이에요. 모바일 앱으로 불가능한 것은 아니지만 작업 속도를 위해 데스크톱 앱을 사용할 겁니다. 저는 손가락의 반응이 느린 '밀레니얼 마우스 세대'거든요.

따라 해보기

1. 페이지 만들기

먼저 '빈 페이지'를 하나 만들어 볼게요. 노션 데스크톱 앱 좌측 하단의 **새 페이지** 버튼을 클릭하거나 노션 앱 좌측 메뉴에서 **페이지 추가** 버튼을 클릭하면 됩니다.

데스크톱에서 페이지 추가하기

스마트폰 노션 앱에서
페이지 추가하기

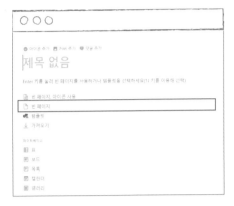

페이지 추가 - 빈 화면

페이지를 추가하면 이와 같은 화면에 **빈 페이지, 아이콘 사용** 이런 메뉴들이 나오는데요, **빈 페이지**부터 클릭하겠습니다.

페이지로 열기

빈 페이지 화면이 작아서 **페이지로 열기** 버튼을 클릭하여 페이지를 데스크톱 앱 전체 화면으로 확장할게요.

빈 페이지가 데스크톱 앱 전체 화면으로 확장되었네요.

페이지 전체 화면으로 확장

여기까지 잘 따라오셨다면, 포트폴리오 작성을 위한 준비는 끝난 셈입니다. 이제 본격적으로 포트폴리오 작성을 위한 외관 다듬는 작업을 시작해볼게요.

제목 없음 대신 제목을 **공대생의 심야서재 포트폴리오**로 수정할게요. 포트폴리오 앞에 제 닉네임을 붙였어요. 여러분이 원하는 제목을 설정하면 됩니다.

2. 아이콘 추가하기

제목 '공대생의 심야서재 포트폴리오' 영역으로 마우스를 이동하면 **아이콘 추**

아이콘 추가하기

가가 보입니다. **아이콘 추가**를 클릭하면 랜덤 아이콘이 기본으로 설정됩니다.

생성된 아이콘을 클릭하면 아이콘을 바꿀 수 있어요. **이모지** 탭을 선택하면 노션이 제공하는 아이콘을 선택할 수 있어요. 여러분이 제작하거나 다운로드받은 아이콘을 선택하려면 **이미지 업로드** 탭을 선택하면 됩니다.

이모지 바꾸기

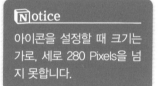

아이콘을 설정할 때 크기는 가로, 세로 280 Pixels을 넘지 못합니다.

배경이 없으니 좀 밋밋하죠? 커버 사진을 넣어 볼게요. 타이틀 영역을 마우스로 클릭하면 **커버 추가** 버튼이 나타납니다. 클릭하면 노션이 기본으로 설정한 이미지가 커버로 설정됩니다. 아래처럼 말이죠. 커버 이미지를 변경하려면 **커버 변경**을 선택하면 됩니다. 저는 주로 Unsplash에서 제공하는 이미지를 사용합니다.

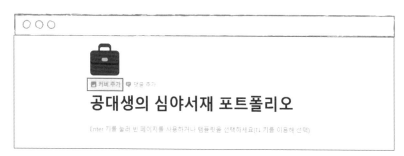

커버 추가하기

이렇게 포트폴리오 기본 페이지의 타이틀 영역이 완성되었습니다.

완성된 포트폴리오 커버와 아이콘

3. 메뉴 만들기

메뉴를 만듭니다. 메뉴의 구성은 아래와 같아요.

나는 누구일까요? | 내 소개를 하면요 | 나를 검증합니다 | 나는 이런 일을 했어요 | 에필로그

메뉴를 만들기 전에 SNS 링크를 상단에 먼저 배치합니다. 여러분이 보유한 SNS의 링크를 연결합니다. 먼저 아래처럼 **텍스트**를 입력합니다. 여러분이 보유한 SNS 제목을 입력하시면 됩니다.

입력한 SNS 텍스트에 SNS 주소를 연결할게요. 연결하려면 마우스로 해당 텍스트를 선택합니다. 팝업 화면에서 **링크** 버튼을 클릭한 후, 아래 화면처럼 SNS 주소를 붙여넣기합니다. 그리고 다시 오른쪽 **링크** 버튼을 클릭합니다.

최종적으로 아래와 같은 SNS 링크가 완성되었습니다.

○ ○ ○

공대생의 심야서재 |

Facebook | Youtube | Brunch | Blog | 공대생의 심야서재 카페 | Email
저를 알고 싶은 분들은 위의 링크를 확인해 주시기 바랍니다.

다음으로는 '간단한 소개' 항목을 추가하겠습니다. **제목2**를 추가하고 내용은 '간단한 소개'를 입력하고 바로 아래에 **구분선** 하나를 추가합니다. 그리고 그 밑에는 여러분을 대표할 수 있는 간단한 문장을 입력해봅니다.

○ ○ ○

공대생의 심야서재

Facebook | Youtube | Brunch | Blog | 공대생의 심야서재 카페 | Email
저를 알고 싶은 분들은 위의 링크를 확인해 주시기 바랍니다.

간단한 소개

23년 직장생활의 종지부를 찍고 작가로 살아보겠다고 몸부림 중이다. 퇴사 덕분에 매일이 도전이고 매일이 분수령이 됐다. 그럼에도 불구하고 웃음은 잃지 않으려 애쓰고 있다. 차가운 아이스 아메리카노 한 잔에 소박하게 미소 지을 수 있는 남자가 되어야겠다고 오늘도 카페 한구석에 앉아 글을 쓴다. 어쩌면 창밖을 멍하니 바라보며 공상을 하고 있을지도 모른다. 누군지 모르는 당신과 수다라도 떨고 싶다. 2시간은 실컷 떠들 준비가 되어 있다. 얼마전 출간한 <한 권으로 끝내는 노션>이 생애최초 베스트셀러가 되었다.

이제 메뉴를 만들기 위해 빈 화면에서 /이미지를 입력합니다.

이미지 추가하기

Unsplash탭으로 이동하여 어울리는 이미지를 추가합니다. 저는 제가 직접
제작한 일러스트 이미지를 사용했습니다.

Unsplash 추가하기

/를 입력해서 제목2 블록을 추가하고 텍스트를 '제가 누구인지 자세한 내
용이 궁금하시면 아래를 확인해 주세요' 로 수정합니다. 그리고 아래에 구

분선 블록을 추가합니다.

아래에 이미지 블록을 추가하고 'Unsplash' 탭으로 이동합니다. 키워드로
'Who'를 입력해서 아래의 이미지를 선택합니다.

블록 이동하기

이미지 블록 아래에 콜아웃
블록을 추가하고 콜아웃 블
록 왼쪽 '드래그해서 옮기기'
를 선택합니다. 팝업 메뉴에
서 '색'을 선택하고 배경을
'기본 배경'으로 변경합니다.

배경 색상이 변경된 콜아웃
블록을 선택해서 위의 이미
지 블록 오른쪽으로 옮깁니다. 그렇게 하면 단이 두개로 나눠집니다.

코드로 표시 선택

콜아웃 블록의 '내용을 입력하세요' 부분을 클릭해서 다음 텍스트를 입력합니다. 먼저, '$$'를 입력한 후, 이어서 '\colorbox{cornflowerblue}{\color{white}{나}}\texttt{\color{cornflowerblue}{는~누구일까요?}}'를 붙여서 입력합니다. 다음 이어서 다시 '$$'를 입력합니다. 노션에서 지원하는 수학 공식 옵션인 KaTeX를 이용해서 텍스트를 예쁘게 입력하는 방법을 배웠습니다.

'누구' 텍스트 강조

콜아웃 블록 아래에 텍스트 블록을 추가한 후, '이력서 보기'라고 입력합니다.

텍스트 입력

텍스트를 선택하고 **페이지** 블록으로 변경합니다.

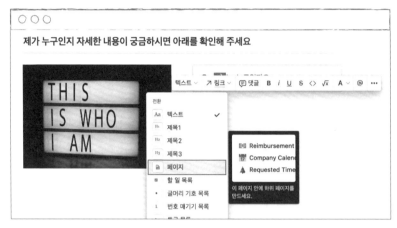

페이지 블록으로 변경

이모지를 변경합니다.

이모지 변경

아래에 **업데이트 날짜**를 입력하고 @을 입력하여 수정된 날짜를 기입합니다.

변경된 날짜 입력

이미지 블록의 을 입력하면 다른 이미지로 교체할 수 있습니다. 아래처럼 일러스트로 제작한 이미지로 교체해봤습니다.

내 소개를 하면요

😊 내 소개를 하면요

Updated @오늘

나를 검증합니다

✉ 나를 검증합니다

Updated @오늘

나는 이런 일을 했어요

💼 나는 이런 일을 했어요

Updated @오늘

추가된 화면

4. '이력서 보기' 페이지 입력하기

이제 각 메뉴별 페이지를 만들어 볼게요. 먼저 '이력서 보기'를 만들겠습니다. 어떤 내용을 채우면 좋을까요? 먼저 형태를 구상해 보죠. 아래처럼 전통적인 양식의 이력서 말고요. 트렌디한 감성으로 만들어 볼게요.

전통적인 이력서 양식

트렌디한 이력서 양식

최대한 트렌디한 이력서 양식과 비슷하게 만들어 볼게요.

이력서 보기

📧나를 소개한다면

- 낮에는 컴퓨터의 언어를 쓰는 프로그래머, 밤에는 사람의 언어를 쓰는 작가
- **23년 직장생활의 종지부를 찍고 작가로 살아보겠다고 몸부림 중이다.** 퇴사 덕분에 매일이 도전이고 매일이 분수령이 됐다. 그럼에도 불구하고 웃음은 잃지 않으려 애쓰고 있다. 차가운 아이스 아메리카노 한 잔에 소박하게 미소 지을 수 있는 남자가 되어야겠다고 **오늘도 카페** 한구석에 앉아 글을 쓴다. 어쩌면 창밖을 멍하니 바라보며 공상을 하고 있을지도 모른다. 누군지 모르는 당신과 수다라도 떨고 싶다. 2시간은 실컷 떠들 준비가 되어 있다.

💼 Experience

작가

- 브런치 북 프로젝트 3 금상 수상 - 공대생의 감성 글쓰기
- 공대를 졸업하고, '소프트웨어 개발자이자 기술직 임원'으로 재직 중)
- 낮에는 컴퓨터의 언어를 다루는 프로그래머
- 밤에는 사람의 언어를 다루는 작가
- <단어를 디자인하라> 출간
- <공대생의 감성 글쓰기> 브런치북 #3 금상 수상
- <한 권으로 끝내는 노션> 출간
- <함께 쓰는 성장의 비결> 공저 출간 예정
- S시 스마트 시티 프로젝트 시나리오 작가 참여
- 세 번째 책 여름 출간 예정 - 계약 완료

출강

- AK플라자 문화아카데미 특강 다수(분당점, 수원점, 원주점, 평택점)
- AK플라자 문화아카데미 정규 강의 - 치유하는 글쓰기
- 롯데백화점 문화센터 평촌점 특강 및 정규 강의
- 롯데백화점 문화센터 안산점 특강 및 정규 강의
- 롯데백화점 문화센터 본점 북킹 클럽 운영
- 경희대학교 '마인드맵으로 나를 표현하는 글쓰기' 특강 및 영상 제작

🎓 Education

👤 Personal Info

Address
서울시 강동구 고덕동

Phone
010-1234-5678

Email
futurewave@gmail.com

👤 Skill

- 공대생의 심야서재 글쓰기 모임 리드
- 글쓰기 교열/교정
- 독서 모임 리트
- 책쓰기 특강

👤 Software

- 노션
- 마인드맵
- 스크리브너
- 트렐로

이력서 완성 화면

샘플 화면을 노션에서 제작하기 위해 아래와 같은 블록을 이용할게요.

제목1 블록	제목2 블록	구분선 블록
이미지 블록	텍스트 블록	콜아웃 블록

'이력서 보기' 글자를 클릭하여 페이지로 이동합니다. 빈 페이지 커버 타이틀에 여러분의 이름을 입력해주세요. 저는 제 닉네임인 '공대생의 심야서재'를 입력했어요. 커맨드 입력창에 이미지 항목을 추가하고 여러분의 사진을 업로드해주세요. 그리고 '나를 소개한다면'이라는 텍스트를 제목2로 추가하시고 여러분의 사진 오른쪽으로 드래그해주세요. 그리고 하단에 여러분을 소개하는 텍스트 문구를 간단하게 입력해주세요.

○○○

이력서 보기

🖥️나를 소개한다면

아이스 아메리카노 한잔에 미소 지을 수 있는 소박한 남자가 되어야겠다고 다짐하며 낮에는 회사에서 일을 하고, 밤에는 서재 한구석에 앉아 노션을 만지작거리며 일과 삶의 균형을 맞춰본다.

카카오 브런치북 프로젝트에서 <공대생의 감성 글쓰기>로 금상을 수상했으며, 저서로는 《단어를 디자인하라》《한 권으로 끝내는 노션(공저)》, 《프로 일잘러의 슬기로운 노션 활용법》이 있다. 온라인 커뮤니티 <공대생의 심야서재>를 5년째 운영 중이다.

소프트웨어 개발 관련 회사에서 기술 연구소 이사로 재직 중이며 응용소프트웨어 개발, 서버 프레임워크 개발, R&D 과제의 기획을 담당하고 있다.

이름 입력

제가 입력한 것처럼 여러분의 정체성을 대표하는 문장을 간단하게 입력해 주세요.

위의 5가지 블록을 주로 사용해서 내용을 만들 거예요. 먼저 이모티콘을 적당한 걸 추가한 다음, **제목1** 블록을 추가하여 **Experience** 텍스트를 입력하고, 아래에 **구분선** 블록을 추가할게요. 새로운 블록을 추가하는 방법은 좌측의 ➕아이콘을 클릭하거나 커맨드 입력 화면에서 한글 또는 영문 블록 이름을 직접 입력해도 됩니다.

다시 새로운 **구분선** 블록을 추가하고 위에서 추가된 **구분선** 우측으로 드래그하여 새로운 열을 만들게요. 그리고 **Experience** 텍스트 블록을 선택하여 팝업 메뉴에서 **복제**를 선택하여 복사된 텍스트 블록을 만들고, 이름을 'Personal Info'로 바꿀게요. 그리고 'Personal Info' 텍스트 블록을 'Experience' 텍스트 블록의 우측으로 드래그하겠습니다. 결과 화면은 다음과 같아요.

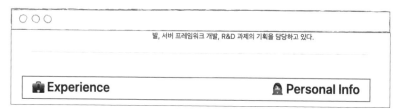

소개 문장 및 하위 그룹 항목 추가

그 다음은 'Experience(경력)'에 관련된 내용을 입력하면 됩니다. **텍스트 블록**을 사용하여 입력하면 됩니다. 현재 열(단)이 두 개로 분리되어 있잖아요? 좌측과 우측의 텍스트 블록을 선택한 후, ➕키를 클릭하여 텍스트 블록을 아래에 계속 추가하면 됩니다. 그리고 'Personal Info' 블록을 복사하여 우측 열 하단에 추가합니다. 내용은 'Skill'로 입력합니다. 생성된 화면은 아래와 같습니다.

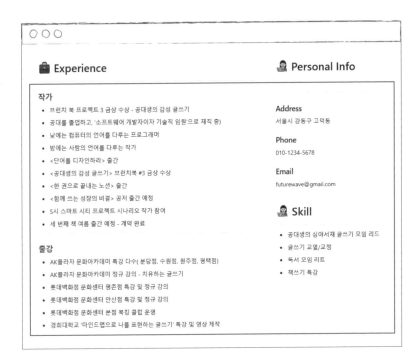

경력 사항 추가

Experience 아래 블록의 내용과 **Personal Info** 블록의 내용은 여러분의 취향과 내용에 따라 자유롭게 추가하면 됩니다. 다음은 **Education** 내용을 입력하도록 **제목1** 블록을 새로 추가할게요. 아래와 같은 화면이 됩니다.

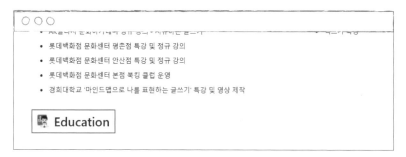

인적 사항 추가

Education 아래에는 학력 정보를 입력하면 되겠죠? 아래와 같은 정보를 추가했어요.

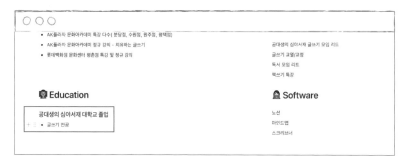

학력 정보 추가

다음은 **Certifications** 내용을 입력하도록 **제목1** 블록을 새로 추가할게요. 다음과 같은 화면이 됩니다.

Certifications

- 명로진 아카데미 인디라이터 과정 이수

- 슬랙
- 워크플로이

Certifications 항목 추가

기본적인 화면을 구성하면 나머지 내용은 여러분의 선택에 따라서 자유롭게 추가하거나 수정하면 됩니다. 이번 샘플에서는 열을 두 개로 분할하여 이력서를 만들었지만 열을 나누지 않고 작업하는 방법도 있겠지요. 열을 몇 개로 나눌 것인지, 내용은 어떻게 구성할 것인지 여러분이 선택하면 됩니다. 최종적으로 생성된 '나는 누구일까요?' 화면은 아래와 같습니다.

이력서 보기

🗣나를 소개한다면

아이스 아메리카노 한잔에 미소 지을 수 있는 소박한 남자가 되어야겠다고 다짐하며 낮에는 회사에서 일을 하고, 밤에는 서재 한구석에 앉아 노션을 만지작거리며 일과 삶의 균형을 맞춰본다.

카카오 브런치북 프로젝트에서 <공대생의 감성 글쓰기>로 금상을 수상했으며, 저서로는 《단어를 디자인하라》《한 권으로 끝내는 노션(공저)》, 《프로 일잘러의 슬기로운 노션 활용법》이 있다. 온라인 커뮤니티 <공대생의 심야서재>를 5년째 운영 중이다.

소프트웨어 개발 관련 회사에서 기술 연구소 이사로 재직 중이며 응용소프트웨어 개발, 서버 프레임워크 개발, R&D 과제의 기획을 담당하고 있다.

💼 Experience

작가

- 브런치 북 프로젝트 3 금상 수상 - 공대생의 감성 글쓰기
- 공대를 졸업하고, '소프트웨어 개발자이자 기술직 임원'으로 재직 중)
- 낮에는 컴퓨터의 언어를 다루는 프로그래머
- 밤에는 사람의 언어를 다루는 작가
- <단어를 디자인하라> 출간
- <공대생의 감성 글쓰기> 브런치북 #3 금상 수상
- <한 권으로 끝내는 노션> 출간

🔒 Personal Info

Address
서울시 강동구 고덕동

Phone
010-1234-5678

Email
futurewave@gmail.com

이력서 완성 화면

5. '내 소개를 하면요' 만들기

다음은 '내 소개를 하면요'를 만들어볼게요. 포트폴리오 첫 화면의 '내 소개를 하면요' 아래에 있는 '궁금하시면 클릭해주세요'를 클릭하면 새로운 페이지 링크로 연결이 됩니다. 아래 화면에서 **빈 페이지**를 선택하여 빈 페이지를 하나 만들게요.

'내 소개를 하면요' 빈 페이지

'내 소개를 하면요'는 특별한 규칙이 정해져 있지 않아요. 내가 누구인지, 지원하는 분야와 관련하여 어떤 구체적인 경험을 갖고 있으며, 경험을 통하여 어떤 깨달음을 얻었으며, 다른 사람과 비교하여 내세울 만한 장점은 무엇인지, 내가 왜 필요한 인재인지 상대방에게 설득을 이끌어내는 작업입니다. 성장과정이나 교우 관계, 가족 관계 같은 획일화된 자기소개서가 아니라 내가 어떤 경험과 능력을 가지고 있는지 보여주는 일에 집중해야 합니다.

내용	자기소개서 항목은 분야에 따라 몇 가지로 나눌 수 있어요.

1. 나는 누구 인가
2. 당사에 입사 지원한 이유와 구체적인 경험 소개
3. 나의 장점과 타인과의 비교우위
4. 도전과 성취 경험 소개
5. 수상 경력

5가지를 주제로 페이지의 섹션을 나누고 관련 내용을 구체적으로 서술하면 됩니다. 번호별로 500자 정도의 텍스트를 채우면 되겠네요. 자기소개서 강의가 아니기 때문에 각 타이틀에 내용을 채우는 건 여러분의 몫이지만, 다양한 사진과 글을 자유롭게 추가해보세요.

자기소개서 페이지를 위해서 **제목3** 블록과 **텍스트** 블록, **코드** 블록을 주로 사용할게요. 제목만 추가한 페이지는 아래와 같습니다.

내 소개를 하면요

1. 나는 누구인가.

2. 당사에 입사 지원한 이유와 구체적인 경험 소개

3. 나의 장점과 타인과의 비교우위

4. 도전과 성취 경험 소개 (수상 경력)

제목을 추가한 페이지

각 항목의 하위에 **텍스트** 블록을 추가할게요. 내용을 입력할 때 텍스트만 밋밋하게 입력하는 것보다 글자에 색상을 지정하거나 배경에 색상을 지정하시면 내용이 더 한눈에 들어오겠죠? 저처럼 유튜브를 하신다면 영상을 임베드함으로써 여러분이 누구인지 더 확실하게 부각시킬 수 있을 거예요. 유튜브 영상을 임베드하는 방법은 영상 주소를 노션에 붙여넣기 하면 됩니다. 붙여넣기 할 때, **동영상 임베드** 옵션을 선택하면 영상이 여러분의 노션 페이지에 쉽게 추가됩니다. 아래는 '나는 누구인가'에 내용을 추가해본 것입니다.

코드 블록에 내용 입력

나머지도 **텍스트** 블록을 추가하여 내용을 입력하면 됩니다. 자세한 내용은 아래 스크린샷을 확인하시기 바랍니다.

○ ○ ○

2. 당사에 입사 지원한 이유와 구체적인 경험 소개

글쓰는 일이라면 어떤 분야의 일이든 도전할 수 있습니다. 블로그에서 처음 글을 쓰기 시작했고 카카오 브런치에서 작가로서 막 3년 동안 글을 쓰고 있습니다. 카카오 브런치북 공모전에서는 수천 명의 작가들과 경쟁을 펼쳐 금상을 수상했습니다. 에세이, 서평을 주로 썼고 가끔 시를 쓰기도 합니다. 200명의 사람들과 함께 시필사, 감정일기, 108일 글쓰기, 독서 토론 모임, 공동 매거진 운영 등의 모임을 운영하며 글쓰기에 관련된 경험을 쌓았습니다.

🏆 카카오브런치북 금상 수상

> 공대생의 심야서재 : 네이버 블로그
> https://blog.naver.com/futurewave01/220849952950

🏆 공대생의 심야서재
커뮤니티 운영

> 공대생의 심야서재
> https://cafe.naver.com/wordmastre

○ ○ ○

3. 나의 장점과 타인과의 비교우위

2018년 부터 '공대생의 심야서재'라는 글쓰기 모임을 개설하여 현재까지 약 200여명의 사람들에게 글을 가르치고 있고, 글과 관련된 다양한 모임을 운영하고 있습니다. 글쓰기에서 책쓰기까지 어떤 일이든 아이디어 단계에서 사업화단계로 발전시킬 기획력과 실천력을 보유하고 있습니다. 2018년에는 <단어를 디자인하라>라는 단행본을 출간 했고 올 11월 노션 관련 책을 공저로 출간할 예정입니다. 글쓰기 모임을 운영하며 문우의 글을 직접 첨삭 지도했고 브런치에서는 150만명 이상의 사람들이 제 글을 읽었습니다.

'투덜이 스머프 라이프'의 종지부를 찍은 것은 글쓰기와 함께 시작되었습니다. 모든 역사의 중심에는 글쓰기가 서 있습니다.

4. 도전과 성취 경험 소개 (수상 경력)

스타트업 창업에 도전하다.

사회적으로 가치 있는 일을 찾고 싶다면 창업에 도전해야 합니다. 2004년, 창업 경진대회에 도전하여, 정부로부터 투자금을 지원받아 창업에 성공적으로 도전한 경험이 있습니다.

4명이 모여 팀을 구성했습니다. 기획, 개발 2, 영업으로 각자의 역할을 분담했습니다. 하지만, 기획과 개발의 의견 차이로 프로젝트 수주에 실패하자 막대한 차질이 발생하고 말았습니다. 또한 투자금까지 조기 소진되어 경영에 차질을 빚었습니다. 젊음의 혈기와 아이디어만으로 창업에 뛰어든다는 것이 얼마나 무모한 일인지 깨닫는 경험이었습니다. 난국을 타개하기 위해 대표인 저는 당분간 급여를 받지 않기로 결정하고 일에 매진했습니다. 몇 개월의 고비를 넘긴 후, 제품을 성공적으로 출시했고 정부 과제까지 수주받아 창업 초기 안정적인 기반을 다지게 되었습니다.

이 경험을 통해 책임감과 자기가 맡은 역할을 성실하게 수행한다는 것이 중요함을 배웠습니다. 때로는 배고픔을 견딜 줄도 알아야 합니다. 성공이 보장되지 않는다고 하여도 밀어붙이는 전략도 필요합니다. 실패도 경험하면 성공으로 진입하기 위한 교두보가 된다는 사실을 명심해야 합니다. 제가 예민하면서도 낙관적인 성향을 동시에 갖고 있기 때문에 실패에 굴복하지 않고 도전을 계속 펼칠 수 있었다고 판단해봅니다. 이러한 경험을 바탕으로 항상 도전하는 자세로 조직에 기여하는 사람이 되겠습니다.

6. 증명서 추가하기

다음은 '나를 검증합니다'를 추가해보겠습니다. 포트폴리오 첫 화면에서 '나를 검증합니다' 를 클릭하시면 페이지로 연결이 됩니다.

'나를 검증합니다' 페이지 추가하기

'나를 검증합니다' 페이지는 간단하게 구성됩니다. 수상 이력과 내 능력을 증명할 수 있는 각종 증명서의 이름, 종류, 발급 일자, 스캔 이미지가 필요하겠네요. 데이터베이스 블록을 사용하여 만들어 보도록 하겠습니다.
/데이터베이스를 입력하여 **데이터베이스-인라인** 블록을 추가하겠습니다.

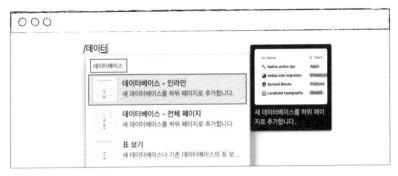

빈 페이지에 표 블록 추가하기

아래와 같은 화면이 만들어졌어요.

증명서 입력을 위한 표 블록

데이터베이스의 구조를 설정해야 하는데 어떤 내용을 입력하는 게 좋을까요? 여러분이 가지고 계신 증명서 중에 졸업증명서나 성적증명서 이런 거 말고 상장, 표창장 같은 자랑할 만한 걸로 띄워 보세요. 제가 아주 오래전에 받은 상장이 하나 있네요. 벤처창업경진대회 나갔다가 받은 우수상 상장인데요. 그럼, 이런 상장과 자격증을 바탕으로 다음의 항목을 정리해볼게요.

속성을 추가하려면 오른쪽 끝의 ➕를 클릭하면 되고, 기존 속성을 수정하려면 속성 이름을 클릭한 후, 팝업 메뉴에서 '속성 편집'을 선택하면 됩니다.

1. 제목 – 제목
2. 종류 – 다중 선택
3. 발급 기관 – 다중 선택
4. 발급 날짜 – 날짜

이 내용을 토대로 아래와 같이 표의 제목을 설정하고 제가 가진 자격증과 상장을 입력했어요.

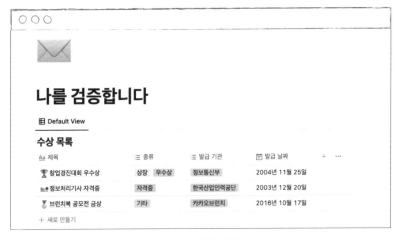

증명서 항목 입력

이제 제목을 클릭하면 증명서를 스캔한 이미지를 볼 수 있도록 해볼게요. 제목을 선택하면 **열기** 버튼이 나타납니다.

입력 항목 클릭하기

새로운 페이지가 하나 나오죠?

세부 페이지

이곳에 PC에 있는 증명서 이미지를 화면에 드래그하여 추가합니다.

페이지에 이미지 추가하기

같은 방법으로 나머지 항목도 채우면 됩니다.

7. '나는 이런 일을 했어요' 추가하기

지금까지 모든 관문을 통과하신 것을 축하드립니다. 조금만 더 힘을 내봅시다. 이번 따라 하기 과정이 제일 중요해요. 여러분의 작품을 노션으로 멋지게 만드는 과정을 배울 예정이거든요. 첫 화면 '나는 이런 일을 했어요'를 클릭할게요.

'나는 이런 일을 했어요'는 포트폴리오의 핵심이에요. 여러분이 어떤 업무를 했고, 프로젝트에서 어떤 중요한 역할을 하고 실력을 발휘했는지 보여주는 거잖아요. 자신의 전문가적 역량을 보여주어야 하는 일이니 멋지게 꾸미는 작업도 중요하겠죠? 지금부터 '나는 이런 일을 했어요' 화면을 만들어 봅시다.

아래처럼 빈 화면이 하나 나옵니다. 맨 밑의 **갤러리**를 선택할게요.

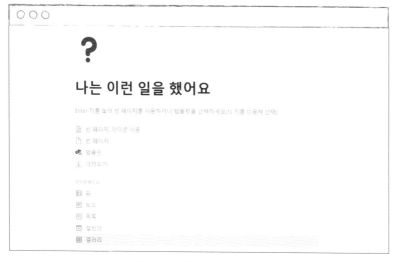

'나는 이런 일을 했어요' 빈 페이지

몇 가지 페이지가 추가된 기본 갤러리 화면이 나오는데요. 당황하실 거 하나도 없어요. 과감하게 기존 카드는 삭제하도록 해요. 각 카드 우측 상단으로 마우스를 옮기면 아래처럼 ••• 버튼이 하나 생기죠? 그곳을 클릭해요.

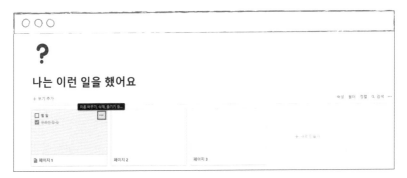

기본 카드 삭제하기

그리고 팝업 메뉴에서 과감히 **삭제**를 선택합니다. 같은 방법으로 3개의 페이지 카드를 삭제합니다.

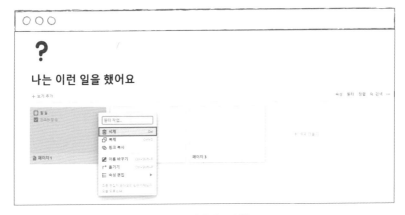

카드 – 삭제 메뉴 실행

자, 모든 페이지 카드가 삭제되었어요.

이제 보기 좋게 **갤러리** 블록을 설정할게요. 우측 상단에서  버튼을 클릭한 후 메뉴에서 **속성**을 선택할게요.

속성 설정하기

먼저 속성을 설정할 건데요. 설정하기 전에 '나는 이런 일을 했어요'에는 어떤 항목이 들어갈지 살펴볼까요? 아래처럼 속성을 수정하겠습니다.

내용	속성 입력
1. 프로젝트 명 – 텍스트(제목으로 대체) 2. 프로젝트 개요 – 텍스트 3. 프로젝트 특징 – 다중 선택 4. 참여 기간 – 날짜 5. 스크린 샷 – 파일과 미디어	

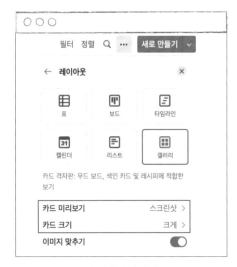

그리고 **카드 미리보기**는 **스크린 샷**으로, **카드 크기**는 크게로 설정할게요. 설정은 왼쪽 화면을 참조하세요.

속성 추가된 화면

카드 미리보기를 **스크린 샷**으로 설정하는 이유는 여러분이 업로드 하는 이미지를 카드 대표 이미지로 사용되기 때문이에요. 카드 커버 이미지는 아무래도 프로젝트를 대표하는 이미지니까 신중하게 설정하는 게 좋겠죠? 백문이 불여일견이라고 했으니 직접 만들면서 살펴보도록 하죠. **새로 만들기** 버튼을 클릭하여 새로운 카드를 추가합니다.

새로운 항목 입력하기

제목 없음은 프로젝트 명으로 바꿀게요. 저는 '카카오 브런치북 프로젝트 #3'으로 설정했어요. 그리고 **스크린 샷**의 항목을 선택해서 이미지를 업로드 하도록 할게요. 커버 이미지는 방금 말씀드렸듯이 카드 하나를 대표하는 만큼 기본 이미지를 사용하지 마시고 프로젝트를 대표하는 이미지로 신중하게 선택하셔야 합니다.

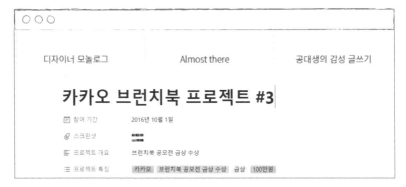

첫 화면 설정하기

설정한 카드 페이지를 닫아볼까요? 여러분이 설정한 이미지가 카드에 사용된 것을 보실 수 있어요.

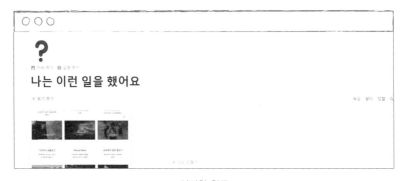

입력한 항목

이제 각 페이지별로 항목을
설정하면 됩니다.

항목 입력

카드를 여러 개 추가한 화면이에요.

항목 입력

8. 에필로그 만들기

에필로그는 '포트폴리오'를 정리하는 페이지입니다. 마무리로 간단한 인사를 하고 사용하는 SNS 주소를 기록해둡니다. 이메일 주소도 좋고 전화번호를 남겨두어도 좋겠죠? 누군가 여러분의 포트폴리오를 보고 입사 제안을 할 수 있도록 말이죠. 포트폴리오 동영상이 있다면 자료를 업로드하거나 유튜브 주소를 링크해도 됩니다. 노션이 똑똑해서 멀티미디어 자료 삽입이 잘 되거든요.

내용	에필로그 입력 항목
	마무리 인사 카카오플러스 페이스북 인스타그램 브런치 블로그 주소 동영상(유튜브)

에필로그

저는 공대를 졸업하고 '소프트웨어 개발자'로 23년 일하다 얼마 전에 퇴사했어요. 낮에는 컴퓨터의 언어를 다루는 프로그래머로 밤에는 사람의 언어를 다루는 작가로 이중생활 중이에요

- 카카오 브런치북 #3에서 《공대생의 감성 글쓰기》로 금상 수상
- AK플라자 문화아카데미 특강 참여(분당점, 수원점, 원주점, 평택점)
- AK플라자 문화아카데미에서 《치유하는 글쓰기》 강의
- 롯데백화점 평촌점 문화센터 글쓰기 특강 및 정규 강의
- 명로진 아카데미 인디라이터 과정을 이수
- 각종 글쓰기 모임 참여 및 리드
- 《단어를 디자인하라》 출간
- 《단어를 디자인하라》 카카오 브런치 위클리 매거진에 참여
- 브런치 작가 (구독자 6천6백 명)
- 공대생의 심야서재 글쓰기 모임 운영
- 《함께 쓰는 성장의 비결》 공저로 출간 예정

이메일 주소 :
futurewave@gmail.com

전화번호
010-1111-2222

에필로그 예시 화면

9. 외부에 공유하기

마지막으로 여러분이 만든 페이지를 외부에 공유할 거예요. 포트폴리오 홈페이지를 아무리 멋지게 만들어도 외부에서 접속이 안되면 아무 소용이 없겠죠?

화면 우측 상단에 **공유** 버튼을 클릭할게요.

포트폴리오 공유하기

다음 화면에서 **웹에서 공유**가 **비활성화** 되어 있을 거예요. **비활성화된 옵션**을 선택해서 **활성화**로 바꿔주세요. 웹에서 공유가 활성화되어 '링크를 통한 읽기 허용' 상태로 변경되면 외부에서 접속할 수 있습니다.

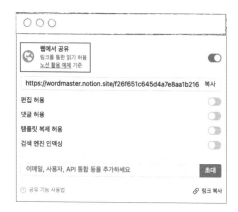

Public Access 설정하기

그리고 구글과 같은 검색 엔진에서 검색되도록 하고 싶다면 **검색 엔진 인덱싱 옵션을 활성화해주세요.**

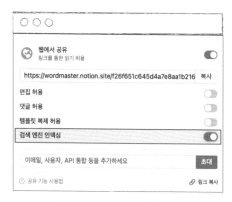

외부 검색 엔진 검색 허용하기

여러분이 만든 포트폴리오 홈페이지 주소를 친구에게 공유하고 싶다면 **링크 복사**를 클릭하여 복사한 주소를 공유하면 됩니다. 다만 주소가 https://wordmaster.notion.site/f26f651c645d4a7e8aa1b216e7078a63 이런 형태는 외울 수가 없으니까, **Short Url** 서비스를 이용하여 간략하게 변경하여 보내주는 게 좋겠죠?

모든 작업이 순조롭게 끝났다면, 이제 여러분이 만든 '포트폴리오 홈페이지'는 구글과 같은 검색 엔진에서 검색도 되고, 외부에서 접속도 가능하게 됩니다.

실전 예제 02
나만의 독서 습관 쌓기

들어가기

독서 많이들 하시죠? 지하철이든 버스든 장소를 가리지 않고 읽을 수 있는데다 전자책 어플이 스마트폰에 설치되는 등 정말 독서하기 편한 세상이 되었지요. 하지만 책을 읽고난 후의 정보관리에 대해서는 아직 잘 모르시는 것 같아요.

저는 몇 년 전까지만 해도 책을 거의 읽지 않았는데 내 책을 써야겠다는 생각을 하고, 글을 쓰기 시작하면서 습자지 같은 지식의 얕음을 깨닫게 되면서 책을 많이 읽게 되었어요. '입력이 없으면 출력이 없다'는 말처럼 제대로 쓰려면 정말 열심히 읽어야겠더라고요. 그런데 무작정 읽기만 할 것이 아니라 읽은 책들을 체계적으로 정리하고 관리할 필요성을 느끼게 되었어요. 밑줄친 것을 기록하려고 에버노트나 구글킵도 써봤고, 자그마한 노트를 사서 그곳에 기록을 하기도 했어요. 어느 것 하나 마음에 들지 않더군요. 더군다나 디지털 시대에 아날로그 메모라니 효율적이지 않다는 생각이 들었어요.

노션이라는 올라운드 플레이어를 알게 된 후, '바로 이거야'라는 확신이 들었어요. 그동안 고민하던 독서 관리를 한 방에 끝낼 수 있다는 자신감을 얻게 된 거죠.

이번 따라 해보기는 노션으로 '나만의 독서 습관 쌓기'예요. 무계획적으로 읽기만 할 게 아니라 읽은 책의 진도를 한눈에 파악하고, 책에서 얻은 감명 깊은 밑줄을 체계적으로 관리하는 법을 배울 거예요. 게다가 제가 '습관 쌓기'라고 했잖아요. 책을 읽는 것에 그치지 않고 체계적으로 관리하며 내 독서 습관을 추적하다보면 그것 자체에 재미가 붙어서 독서에 더 집중하게 될 거예요. 독서도 하고 재미도 붙이고 나아가서 습관까지 쌓는 거죠. 축적된 방대한 데이터에서 내가 필요한 정보를 추려내는 건 덤이고요.

이런 것을 해볼 거예요

사용할 기능

- 페이지
- 페이지 - 페이지 커버 바꾸기
- 데이터베이스 블록 – 갤러리 레이아웃
- 데이터베이스 블록
- 데이터베이스 블록 – 속성 설정하기

이번에 배울 것은 아래와 같이 두 가지 관점으로 독서 현황을 기록하는 거예요.

1. 노션 데이터베이스 블록 – 표 레이아웃으로 '독서 일지' 기록하기
2. 노션 데이터베이스 블록 – 표 레이아웃으로 '책의 밑줄' 기록하기

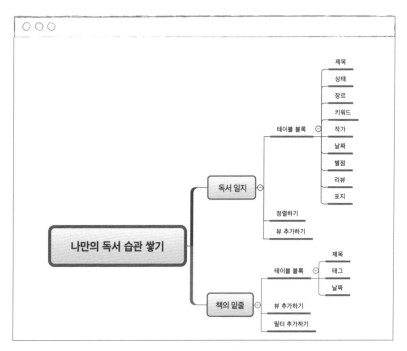

'나만의 독서 습관 쌓기' 구조

'나만의 독서 습관 쌓기' 첫 화면

따라 해보기-
노션 데이터베이스 블록으로 '독서 일지' 기록하기

1. 페이지 만들기

두 가지 목표를 위해 데이터베이스 블록을 주로 사용할 예정입니다.

먼저 노션 '빈 페이지'를 하나 만들어볼게요. 노션 데스크톱 앱 좌측 하단
의 새 페이지 버튼을 클릭하거나 노션 앱 좌측 메뉴에서 **페이지 추가** 버튼을
클릭합니다.

페이지 추가하기

다음 화면에서 **빈 페이지**를 클릭합니다.

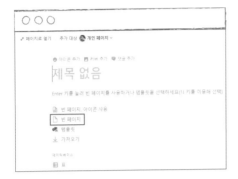

페이지 추가 - 빈 화면

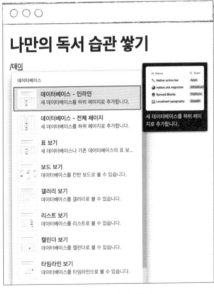

갤러리 - 인라인 추가

우리가 만들 건 두 가지예요. 하나는 '독서 일지' 또 하나는 '책의 밑줄' 기록이에요. 두 가지 메뉴를 위해 노션 빈 페이지를 하나 추가했어요. 커버 이미지와 아이콘은 여러분이 원하는 대로 배치하면 됩니다. 본문에서 **데이터베이스 - 인라인**을 선택한 다음, 아래 이미지처럼 데이터베이스 이름을 설정합니다. 그리고 설정을 클릭해서 레이아웃을 '갤러리'로 변경합니다.

2. 속성 설정하기

갤러리 기본 화면에서 세 개의 페이지를 모두 깔끔하게 삭제하고, 설정에서 **레이아웃**을 선택합니다.

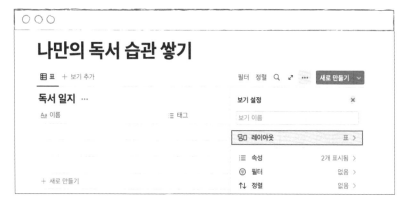

메뉴 – 속성 실행

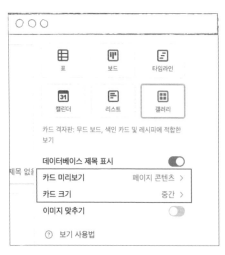

카드 미리보기, 카드 크기 설정

카드 미리보기는 페이지 커버로 **카드 크기**는 중간으로 설정합니다.

3. 카드 추가하기

새로 만들기를 클릭하여 타이틀에 '독서 일지'를 입력하고 **커버 추가 - 커버 변경 - Unsplash**를 선택합니다. 키워드 검색창에서 **book**이라는 단어를 입력하고 검색된 리스트에서 마음에 드는 이미지를 하나 선택합니다.

카드 추가

그리고 위의 과정을 한 번 더 반복하여 '책의 밑줄'이라는 페이지를 만듭니다. 두 가지 페이지가 만들어진 결과는 아래와 같아요.

'책의 밑줄' 카드 추가

4. 독서 일지 - 세부 페이지 설정하기

'독서 일지' 카드를 클릭하여 세부 페이지를 만들어볼게요. 페이지 화면에서 /를 입력하고 **데이터베이스**를 입력하면 팝업 메뉴가 나오죠? 그곳에서 **데이터베이스 - 인라인에서 레이아웃 - 표**를 선택할게요.

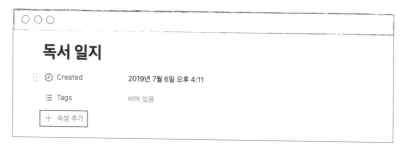

표 - 인라인 추가

○○○	
← **속성** ✕	**제목 없음** 이름을 '전체 보기'로 바꾸고, 표의 속성을 이처럼 변경하겠습니다.

데이터베이스 속성 변경

내용	속성 설정

1. 제목(텍스트) : 읽는 책의 제목을 넣습니다.
2. 상태(선택) : 읽는 중', '완독', '2회독' 등으로 현재 몇 번째 읽는지 설정합니다.
3. 장르(다중 선택) : 소설, 에세이, 인문, 과학, 철학, 자기계발, 시 등으로 자유롭게 설정합니다.
4. 키워드(다중 선택) : 책을 대표하는 주제 또는 키워드를 설정합니다.
5. 작가(다중 선택) : 책을 쓴 저자의 이름을 설정합니다.
6. 날짜(날짜) : 읽기 시작한 날짜, 또는 완독한 날짜를 넣어요. (취향에 따라 설정합니다.)
7. 별점(선택) : ★ 문자를 이용하여 5단계까지 설정합니다.
8. 리뷰(다중 선택) : SNS에 리뷰 또는 서평을 썼는지 상태를 기록합니다.
9. 표지(파일과 미디어) : 인터넷 서점의 책 표지 주소를 설정합니다.
10. 책의 밑줄(URL) : 책의 밑줄이 보관된 노션 링크를 설정합니다.

전부 입력하면 아래와 같은 빈 화면이 만들어집니다.

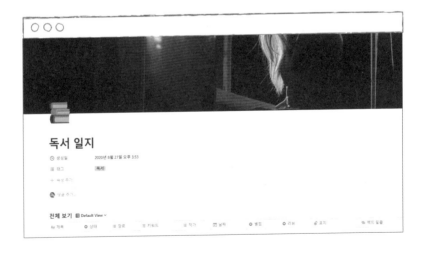

5. 독서 일지 ─ 데이터 입력하기

이제 데이터를 입력할게요. 데이터를 입력하는 방법은 두 가지가 있어요. 직접 **데이터베이스**에서 항목을 입력하는 방법과 제목 입력하는 부분의 **열기** 버튼과 연결된 페이지에서 입력하는 방법입니다. 첫 번째 방법은 아주 쉬워요. 몇 가지 샘플 데이터를 입력하겠습니다.

'독서 일지' 내용을 추가합니다. 데이터베이스 블록에서 **새로 만들기** 버튼을 클릭해주세요.

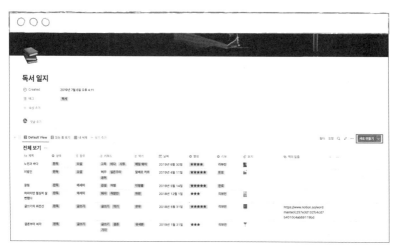

'독서 일지' 추가

제목없음을 책 제목으로 바꾸고 장르-날짜-리뷰-별점-상태-작가-키워드-표지의 내용을 입력합니다.

표지의 이미지 설정하는 방법은 온라인 서점 사이트에서 표지를 다운해서 이미지를 직접 업로드하면 됩니다.

'독서 일지' 내용 입력

아래 화면처럼 13개의 샘플 데이터를 입력했어요.

Aa 제목	⊟ 상태	⊟ 장르	⊟ 키워드	⊟ 작가	⊟ 날짜	◎ 별점	◎ 리뷰	⬚ 표지	⬚ 책의 링크
노인과 바다	완독	소설	고독 바다 사투	책밍 웨이	2019년 6월 30일	★★★★	리뷰전		
이방인	완독	소설	허무 실존주의 공허	알베르 카뮈	2019년 4월 11일	★★★★★	완료		
끌림	완독	에세이	감성 여행	이병률	2019년 5월 14일	★★★★★	완료		
하아터면 열심히 살 뻔했다	완독	에세이	회사 직장인	하완	2018년 12월 1일	★★★	리뷰전		
글쓰기의 최전선	완독	글쓰기	글쓰기 작가	은유	2018년 5월 31일	★★★★★	리뷰전		https://www.notion.so/wordmaster/c257e3d132fc4cd7b4010c4ab69119bd
결론부터 써라	완독	글쓰기	글쓰기 결론 기자	유세환	2019년 1월 31일	★★★	리뷰전		
가슴으로 쓰고 손끝으로도 써라	완독	시 시작법 인문	시 글쓰기	안도현	2019년 4월 2일	★★★★★	완료		
출판사 에디터가 알려주는 책 쓰기 기술	완독	책쓰기 자기계발	글쓰기 책 출판	양춘미	2019년 5월 1일	★★★	리뷰전		
아고계 X의 글쓰기책	완독	글쓰기 인문	글쓰기 아고계 공대	유키 히로시	2019년 6월 30일	★★★	리뷰전		
일상적인 삶	읽는중	에세이	고독 실존주의	장 그르니에	2019년 7월 1일	★★★★★	리뷰전		
데미안	읽는중	소설	고독 성장	헤르만 헤세	2019년 7월 8일	★★★★★	리뷰전		
삶을 사랑하는 기술 철학을 권하다	읽는중	철학에세이	철학 삶	룰스 에반스	2019년 7월 8일	★★★★	리뷰전		
12가지 인생의 법칙	읽는중	교양철학	철학 삶	조던 피터슨	2019년 7월 8일	★★★★★	리뷰전		

+ 새로 만들기

개수 13

'독서 일지' 데이터 입력

6. '읽는 중 보기' — 정렬 & 보기 추가하기

'전체보기'에서는 입력한 모든 책의 목록을 확인할 수 있어요. 만약 상태에 따라 '읽는 중인 책'과 '완독인 책'을 구분하려면 어떻게 해야 할까요?

첫 번째로 정렬하는 방법이 있겠네요. 상태 타이틀 영역을 선택하면 팝업 화면이 나오는데 여기서 **오름차순**이나 **내림차순**을 선택하면 상태를 기준으로 정렬할 수 있어요.

다음은 **보기 추가**를 선택하여 보기를 하나 추가하겠습니다. 이름은 **읽는 중 보기**로 하고 레이아웃 종류는 **표**를 선택합니다. **생성**을 클릭하여 보기를 추가합니다.

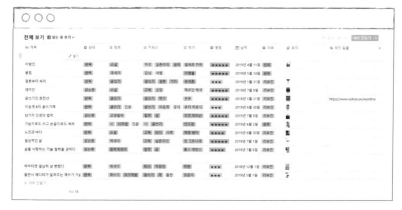

보기 추가

기본 - **전체보기**에서 **읽는 중 보기**가 새롭게 추가됐어요. 작업을 위하여 **읽는 중 보기**를 선택합니다.

읽는 중 보기 – 보기 추가

7. '읽는 중 보기' – 필터링 하기

그런데 정렬이 아니라 읽는 중인 것만 보고 싶다면 어떻게 해야 할까요? 그럴 때는 **필터** 기능을 이용하면 됩니다. ┅┅설정 버튼을 클릭하고 팝업 메뉴에서 **필터**를 선택합니다.

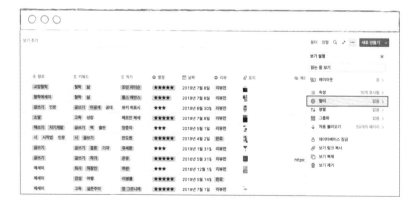

필터

필터 메뉴 실행

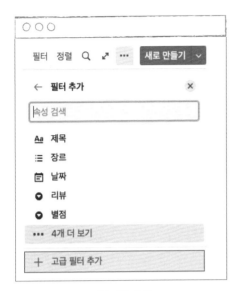

다시 팝업 메뉴에서 + 고급 필터 추가를 선택합니다.

고급 필터 추가

입력 박스가 세 개 나옵니다. 첫 번째는 위치를 설정합니다. 먼저 상태를 선택합니다. **상태**를 선택하면 두 번째 박스가 자동으로 **지정한 값과 동일한 데이...**가 됩니다. 세 번째 박스에서 **읽는 중**을 선택합니다.

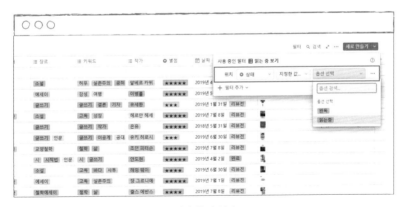

필터 옵션 설정

아래 화면처럼 상태가 **읽는 중**으로 설정된 목록만 필터링이 되었어요.

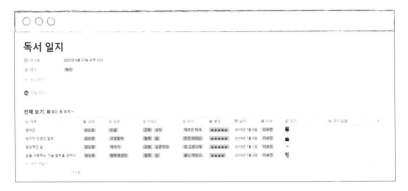

필터 설정 결과

이렇게 보기를 추가하고 필터링 기능을 이용하면 여러분이 원하는 화면을 디자인할 수 있어요. 장르, 키워드, 작가 프로퍼티도 필터링 옵션을 적용해보세요. 필터링은 여러 개를 동시에 사용할 수도 있답니다.

8. '내 서재' 만들기

다음은 온라인 서점의 '내 서재'와 같은 보기를 만들어 볼게요. 다음은 한 서점 사이트의 '내 서재' 화면입니다.

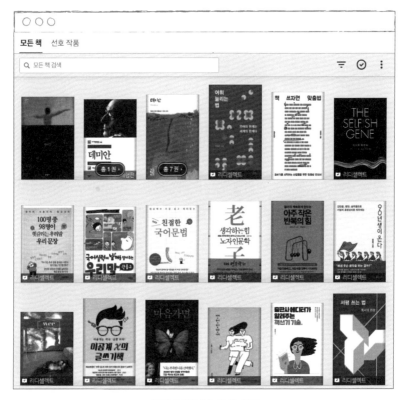

벤치마킹할 '내 서재' 화면

보기 추가를 클릭하여 보기를 하나 추가할게요. 이름은 '내 서재'로, 종류는 갤러리를 선택하고 생성 버튼을 클릭합니다. 그런데 뭔가 좀 이상합니다. 표지가 나와야 하는데 안 나오네요? 어떻게 해야 할까요?

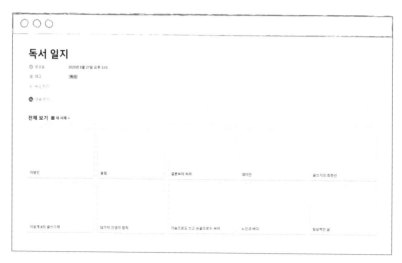

보기 추가

속성 설정

처음에 데이터베이스 속성을 설정할 때, 온라인 서점에서 제공하는 표지 주소를 저장했 잖아요. 설정 버튼을 클릭하 여 왼쪽과 같이 옵션을 설정 할게요.

데이터베이스 설정 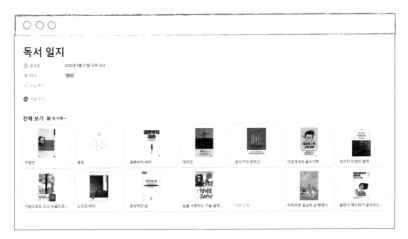 클릭, 레이아웃 설정 카드 미리보기를 '표지'로 설정합니다. 표지를 설정할 수 있는 이유는 표지 프로퍼티가 **파일과 미디어**로 되어 있기 때문입니다. **카드 크기**는 **작게**로, **이미지 맞추기**는 **On**으로 설정해주세요. 설정이 완료된 화면은 아래와 같아요. 자, 여러분 만의 멋진 서재 하나가 완성되었습니다.

'내 서재' 완성

따라 해보기 -
노션 데이터베이스 블록으로 '책의 밑줄' 기록하기

이전 실습에서 노션으로 '독서 일지' 만드는 법을 배웠어요. 독서 일지는 내가 어떤 책을 읽고 있는지 현황을 기록하는 용도라고 생각하면 됩니다. 반면에 '책의 밑줄'은 관점이 달라요. 책을 읽고 나면 오래 기억하고 싶잖아요. 그런데 우리의 기억력은 그리 뛰어나지 못하죠. 오래 기억할 수 있는 방법이 존재한다면 좋겠죠? 그게 바로 밑줄을 긋는 거죠. 밑줄을 그어 놓고 나중에 다시 읽으면 재독하는 것과 마찬가지예요. 책을 읽는 순간으로 다시 돌아가는 거죠.

책을 읽으면 밑줄을 긋고 싶을 때가 많잖아요. 마음을 울리는 문장이나 기억하고 싶은 내용을 발견하면 어딘가에 기록해 두고 싶지요. '독서 일지'의 중심이 책이었다면 '책의 밑줄'은 밑줄 자체가 중심이 되는 개념입니다. 밑줄을 기록해두면 자신의 생각도 같이 담아둘 수 있어요. 짤막한 자신의 견해를 기록해두는 거죠.

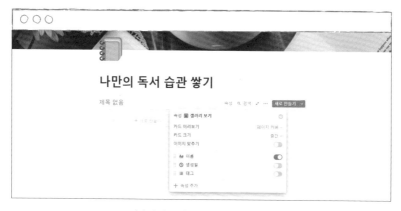

'나만의 독서 습관 쌓기' 첫 화면

밑줄을 기록하고 관련된 주제를 태그로 달아두는 거예요. 태그를 달아두고 필터링을 하게 되면 비슷한 분야의 글을 한번에 볼 수 있겠죠. 예를 들어 '직장'이라는 주제를 달았다고 가정해보죠. 수천 개의 글 중에서 직장과 관련된 밑줄만 모아서 볼 수 있을 거예요. 시간이 지나고 나서 글을 쓸 때 쉽게 참고하거나 인용할 수도 있겠죠.

1. '책의 밑줄' 추가하기

이전에 만든 '나만의 독서 습관 쌓기' 페이지에서 '책의 밑줄' 카드를 클릭할게요.

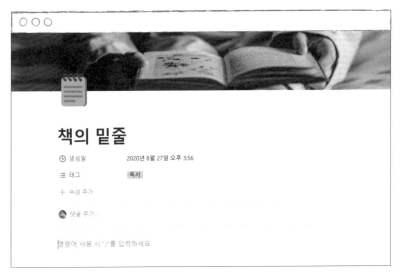

'책의 밑줄' 첫 화면

데이터베이스 - 인라인 추가

세부 페이지를 만들어볼게요. 페이지 화면에서 /를 입력하고 **데이터베이스**를 입력하면 팝업 메뉴가 나오죠? 그곳에서 **데이터베이스 - 인라인**을 선택할게요.

데이터베이스 이름을 '전체 밑줄'로 바꾸고 속성을 아래처럼 변경하겠습니다.

속성 메뉴 실행

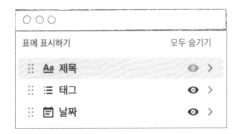

제목(제목) : 읽고 있는 책의 제목을 입력합니다.

태그(다중 선택) : 밑줄과 연관된 주제를 입력합니다. (여러 개 입력할 수 있습니다.)

날짜(날짜) : 기록한 날짜를 넣어요.

완성된 '책의 밑줄' 화면은 아래와 같습니다.

책의 밑줄

- 생성일   2020년 8월 27일 오후 3:56
- 태그   독서
- + 속성 추가

💬 댓글 추가...

전체 밑줄

Aa 제목	☰ 태그	📅 날짜	+

+ 새로 만들기

개수 3

완성된 '책의 밑줄' 화면

2. 밑줄 입력하기

이제 몇 가지 밑줄을 입력하겠습니다. 밑줄 내용은 제목과 연결된 페이지에 입력할 겁니다. 먼저 제목, 태그, 날짜 항목을 입력합니다. 그리고 제목의 **열기** 버튼을 클릭하여 연결된 페이지에 밑줄을 입력합니다.

밑줄 입력

Notice

한 권의 책에서 얻은 밑줄이 여러 개일지라도 같은 줄에 입력하면 안됩니다. 밑줄마다 주제가 모두 다르기 때문입니다. 동일한 주제라면 한 줄에 입력할 수 있겠지만 밑줄마다 성격이 다른 경우가 많이 있습니다.

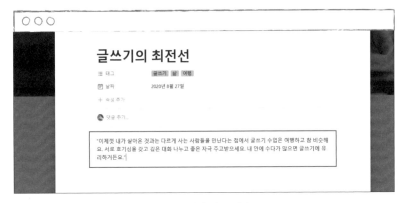

페이지에서 밑줄 입력

같은 방법으로 밑줄을 계속 입력합니다. 입력한 샘플은 아래와 같아요. 같은 제목의 밑줄임에도 불구하고 밑줄을 별도로 입력한 이유는 태그(주제)가 모두 다르기 때문입니다.

전체 밑줄 ⊞ 전체 보기 ⌄

Aa 제목	☰ 태그	📅 날짜	+
📄 가슴으로도 쓰고 손끝으로도 써라	시 가식	2016년 12월 1일	
📄 가슴으로도 쓰고 손끝으로도 써라	시 시적 미학	2016년 12월 1일	
📄 가슴으로도 쓰고 손끝으로도 써라	치유 시 글쓰기 상처	2016년 12월 2일	
📄 글쓰기의 최전선	글쓰기 여행 삶	2019년 7월 9일	
📄 글쓰기의 최전선	글쓰기 감정 묘사	2019년 7월 9일	
📄 기자의 글쓰기	글쓰기 기자 단문	2019년 7월 8일	
📄 니체의 인생강의	니체 철학 초인 극복	2019년 7월 11일	
📄 니체의 인생강의	철학 니체 실존		
📄 대통령의 글쓰기	글쓰기	2019년 7월 9일	
📄 대통령의 글쓰기	글쓰기 관점	2019년 7월 1일	
📄 신경 끄기의 기술	철학 죽음	2018년 11월 9일	
📄 신경 끄기의 기술	행복	2018년 11월 1일	
📄 신경 끄기의 기술	경험	2018년 11월 22일	
+ 새로 만들기			

개수 13

입력된 밑줄

3. 보기 추가하기 (특정 카테고리만 보기)

이제 '전체 밑줄' 외에 새로운 보기를 하나 추가할게요. 예를 들어, '철학' 이라는 태그를 부여한 밑줄만 모아 볼게요. **보기 추가**를 클릭합니다. 보기 종류는 **표**를 선택하고 **완료** 버튼을 클릭합니다. 보기 이름은 '철학 모아 보기'로 정할게요.

보기 추가

'철학 모아 보기' 보기 생성

이제 태그가 '철학'인 밑줄만 모으기 위해 필터 기능을 이용하겠습니다. '태그' 타이틀 영역을 마우스로 클릭하면 팝업 메뉴가 나옵니다. 메뉴에서 **필터**를 선택합니다.

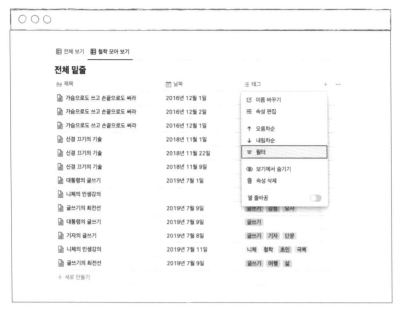

필터 추가

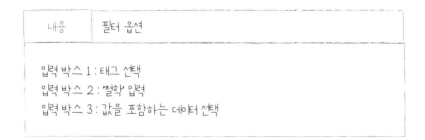

내용	필터 옵션
입력 박스 1 : 태그 선택 입력 박스 2 : '철학' 입력 입력 박스 3 : 값을 포함하는 데이터 선택	

위의 내용을 입력하면 다음 화면처럼 '철학'을 태그로 입력한 밑줄 목록을
보실 수 있어요.

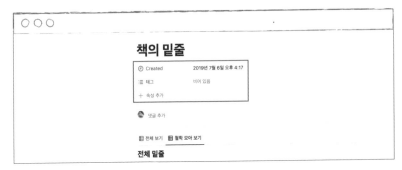

'철학' 태그 밑줄 보기

4. 필터 설정하기

이번에는 연도별로 밑줄을 모아볼게요. **보기 추가**를 클릭하여 새로운 보기를 추가합니다. 보기 이름은 '2016 밑줄 모아 보기'로 하고, 레이아웃에서 종류는 **표**를 선택하겠습니다.

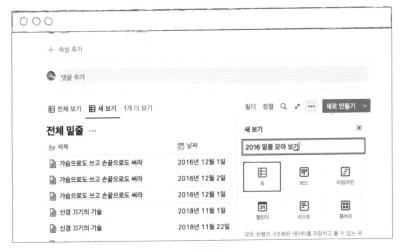

보기 추가

날짜 타이틀 영역을 마우스로 클릭합니다. 팝업 메뉴에서 **필터** 를 선택합니다.

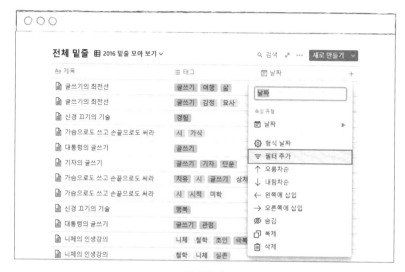

필터 추가

필터를 설정하기 위한 입력 박스에는 아래 내용을 입력합니다.

내용	필터 설정

입력 박스 1 : 날짜 선택

입력 박스 2 : ~이후(당일 포함) 선택 (선택한 날짜 이후부터 밑줄 데이터를 검색합니다.)

입력 박스 3 : 정확한 날짜 – 날짜 선택

입력 박스 4 : 2016년 1월 1일 선택 (2016년의 시작 날짜)

입력 박스 5 : 필터 추가 – 및 선택

입력 박스 6 : 날짜 선택

입력 박스 7 : 이전(당일 포함) 선택 (선택한 날짜 이전까지 밑줄 데이터를 검색합니다.)

입력 박스 8 : 정확한 날짜 – 날짜 선택

입력 박스 9 : 2016년 12월 31일 선택 (2016년의 종료 날짜)

2016년에 추가한 밑줄 목록만 확인할 수 있어요.

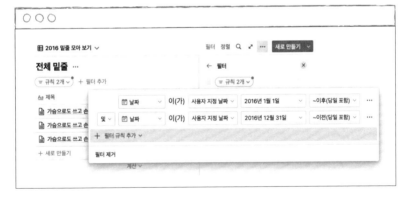

필터 설정 결과

여러분도 책에서 읽은 밑줄을 놓치지 말고 꾸준하게 입력해보세요. 모아 놓은 밑줄들을 분야별로 정리하면, 여러분의 생각을 정리할 때 큰 도움을 받을 수 있을 겁니다.

이렇게 완성되었어요

실전 예제 03
다이어트 다이어리 만들기

들어가기

전 국민이 살과의 전쟁을 치르고 있습니다. 여러분도 열심히 싸우는 중이라고요? 애석하게도 제 처지도 여러분과 비슷해서 늘어난 뱃살이 줄어들 기미가 안 보이네요. 다이어트는 죽을 때까지 해야 한다고 하는데 그렇다면 뭔가 체계적인 관리가 필요하지 않을까요?

어떤 음식을 먹었고 어떤 운동을 실천했는지 틈날 때마다 기록하는 겁니다. 다이어트는 기록으로부터 출발한다고 해도 과언이 아닙니다. 내 식생활 패턴과 운동 습관을 분석하는 것이 먼저이지 않을까요? 노션은 그 어떤 생산성 앱보다 탁월한 관리기능을 제공합니다.

이런 것을 해볼 거예요

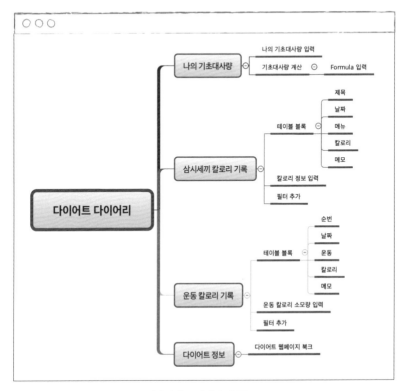

'다이어트 다이어리' 구조

다이어트 다이어리

♥ 1. 나의 기초대사량
🍱 2. 삼시세끼 칼로리 기록
🏃 3. 운동 칼로리 기록
📗 4. 다이어트 정보

'다이어트 다이어리' 첫 화면

사용할 기능

- 페이지
- 데이터베이스 블록
- 데이터베이스 블록 - 속성 설정
- 데이터베이스 블록 - 수식 입력
- 데이터베이스 블록 - 합계 계산
- 데이터베이스 블록 - 캘린더 레이아웃
- 임베드 생성
- 웹 클리핑

따라 해보기

이번 장에서는 노션으로 '다이어트 다이어리'를 만들어 볼 예정입니다. 데이터베이스 블록과 간단한 함수 기능을 이용하면 계산까지 할 수 있습니다.

1. 페이지 추가하기

먼저 노션 '빈 페이지'를 하나 만들어볼게요. 노션 데스크톱 앱 좌측 하단의 **새 페이지** 버튼을 클릭하거나 노션 앱 좌측 메뉴에서 **페이지 추가** 버튼을 클릭합니다.

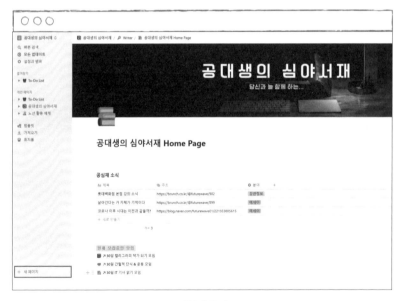

페이지 추가

빈 페이지

다음 화면에서 **빈 페이지**를 클릭합니다.

빈 페이지가 하나 추가됐죠? 커버와 아이콘은 여러분이 원하는 스타일대로 설정하세요. 저는 Unsplash에서 **diet**라는 단어로 검색하여 아래와 같은 화면을 만들었어요.

페이지 커버 설정

이제 화면을 꾸며야 하는데요. '다이어트 다이어리'에 필요한 페이지를 정리해 볼게요.

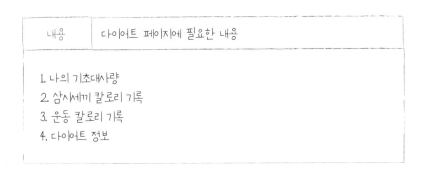

내용	다이어트 페이지에 필요한 내용

1. 나의 기초대사량
2. 삼시세끼 칼로리 기록
3. 운동 칼로리 기록
4. 다이어트 정보

4가지 텍스트를 입력하고 각각의 항목을 페이지로 전환할게요. 텍스트를 선택하면 팝업 메뉴가 나타납니다. 좌측 텍스트 항목을 선택하고 그 중 페이지를 선택합니다. 아이콘은 적절하게 바꾸면 되겠습니다.

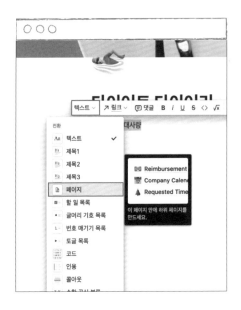

'다이어트 다이어리' 메뉴 페이지 전환

2. 기초대사량 입력 화면 만들기

'나의 기초대사량'을 클릭하여 해당 페이지로 이동할게요.

먼저 다이어트에서 가장 중요한 기초대사량을 입력하겠습니다. 기초대사량은 인간이 생명을 유지하는데 필요한 하루 동안의 에너지량이라고 합니다. 체온을 유지하고 심장을 뛰게 하고 움직이려면 기본적인 에너지량이 필요한 셈이죠. 심지어는 편안하게 잠을 자려고 해도 에너지를 소모합니다. 기초대사량을 자동으로 계산하도록 화면을 만들어보겠습니다.

/를 입력하거나 ➕아이콘을 클릭하여 **데이터베이스 - 인라인** 블록을 하나 추가합니다. 그리고 제목을 '기초대사량'으로 변경합니다.

데이터베이스 - 인라인 추가

설정 - 속성을 선택합니다.

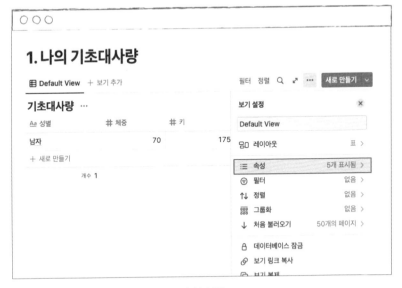

속성 실행

내용	다음과 같이 설정합니다.

1. 성별 : 제목
2. 체중 : 숫자
3. 키 : 숫자
4. 나이 : 숫자
5. 기초대사량 : 수식

아래와 같이 표가 하나 생성되었습니다.

속성 설정

3. 항목 입력하기

이제 항목을 입력해보겠습니다. 저의 프라이버시는 중요하니까 가상의 인물을 설정하여 입력하는 걸로 합니다.

| 기초 데이터 | 성별 : 남자 | 체중 : 70 | 키 : 175 | 나이 : 30 |

이렇게 입력합니다. 아래와 같이 나오겠죠?

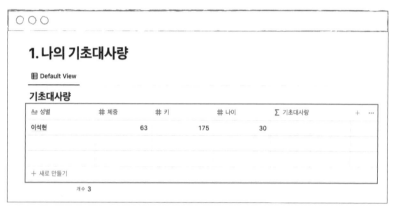

기초대사량 계산을 위한 정보 입력

4. 수식 입력하기

다음은 조금 어려운 걸 진행하겠습니다. 속성에서 마지막으로 추가한 **수식**인데요. 노션 표의 강력한 기능이 바로 수식 다른 말로 '공식'이라고 부르기도 합니다. 어떤 분들은 '함수'라고 부르기도 합니다. 어쨌든 이 수식를 이용하면 계산을 할 수 있어요. 사칙연산 같은 게 가능하다는 얘기입니다. 이번 실습에서 수식를 쓰는 이유는 눈치 빠른 분들은 벌써 예측하셨겠지만, 바로 기초대사량을 산출하기 위해서입니다.

기초대사량 산출법을 인터넷에서 가져왔어요. 공식을 한 번 볼까요?

$$\text{남자} = 66.47 + (13.75 \times \text{체중}) + (5 \times \text{키}) - (6.76 \times \text{나이})$$
$$\text{여자} = 655.1 + (9.56 \times \text{체중}) + (1.85 \times \text{키}) - (4.68 \times \text{나이})$$

기초대사량 필드 선택

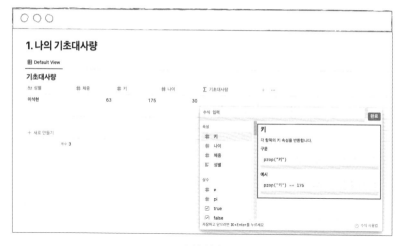

수식 입력

자 우리의 목표는 기초대사량 필드에 값이 계산되도록 만드는 겁니다. 천천히 따라오세요.

기초대사량 입력 필드를 마우스로 클릭합니다.

5. 수식 복사하기

클릭하면 입력 상자가 나옵니다. **수식 입력**라고 쓰인 부분에 공식을 입력할
거예요. 여러분의 성별에 따라 공식을 확인하고, **수식 입력**이라고 쓰인 부
분에 입력합니다. 잘 따라하고 계신가요? 어떻게 화면이 나왔나요? 정상
적으로 하셨다면 아래 화면처럼 에러가 나왔을 거예요. 무서운 에러 말이
에요.

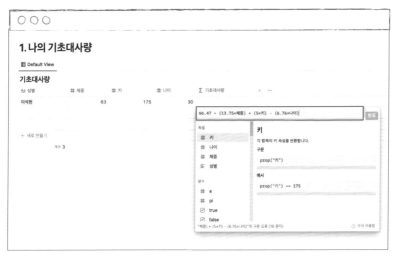

수식 복사하기

어떻게 해야 할까요? 눈을 감고 가만히 생각해봅니다. 센스있는 분들이라
면 무엇이 잘못되었는지 감지하셨을 거예요. 무엇이 잘못되었을까요? 바
로 체중, 키, 나이 텍스트 때문입니다. 우리가 실제로 입력한 70, 175, 30
이라는 값을 가지고 와야 하겠죠? 물론 텍스트 대신에 숫자를 수동으로 입
력할 수도 있어요. 한 번 해볼까요? 아래처럼 말이죠.

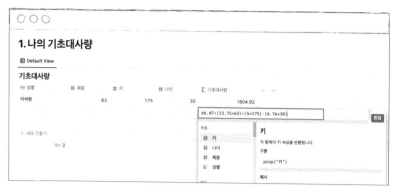

숫자로 변경하기

계산 결과가 어떻게 나오는지 볼까요? **완료** 버튼을 클릭해 주세요. 멋지게
계산이 되어 기초대사량에 값이 추가되었죠?

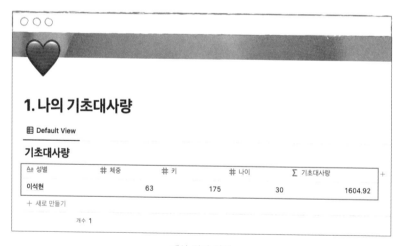

계산 결과 화면

6. 입력 값 가져오기

숫자를 직접 입력하는 방법 말고, 여러분이 입력한 값을 자동으로 가져오려면 어떻게 해야 할까요? 다시 수식 필드를 클릭할게요. 이전에 여러분이 입력한 수식이 보이죠? 체중, 키, 나이 프로퍼티의 값을 가져오는 방법은 바로 **prop( )**라는 함수를 이용하는 것입니다.

prop( ) 함수의 사용법은 간단해요. 여러분이 가져오고 싶은 필드의 이름을 입력하면 됩니다. 예를 들어

Prop('체중') 이렇게 쓰면 여러분이 입력한 70이라는 숫자를 가져오고,

Prop('키') 이렇게 쓰면 여러분이 입력한 175라는 숫자를 가져오죠.

나이를 가져오려면 어떻게 해야 할까요? 네 맞습니다.

Prop('나이')라고 입력하면 됩니다. 아주 쉽죠?

그럼, 공식을 다시 수정해볼까요?

66.47 + (13.75×체중) + (5×키) − (6.76×나이)는 아래 공식으로 변경합니다.
66.47 + (13.75×prop('체중')) + (5×prop('키')) − (6.76×prop('나이'))

---

prop( ) 함수를 더 설명하면, 여러분이 처음에 표에 추가한 성별/체중/키/나이/기초대사량 이런 항목이 모두 **속성**입니다. 해당 속성의 값을 가져오는 함수가 **prop( )**입니다.

이제 바뀐 공식 '**66.47 + (13.75×prop('체중')) + (5×prop('키')) - (6.76×prop('나이'))**'를 입력해 보겠습니다. (prop 모두 소문자로 쓰셔야 합니다.)

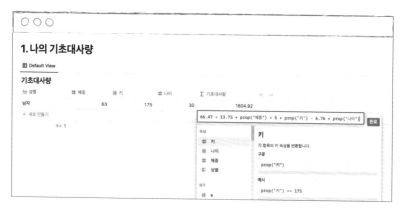

수식 입력

성공적으로 문제없이 입력하셨다면 공포의 빨간 에러가 사라지고 **완료**버튼을 클릭하실 수 있습니다. 아래 화면처럼 기초대사량이 자동으로 계산되었습니다.

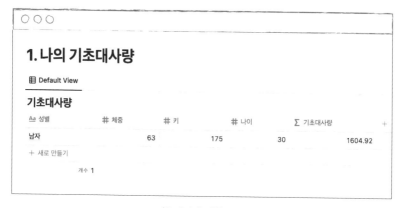

기초대사량 산출 결과

이제 여러분이 입력한 체중이나 키, 나이를 변경해도 기초대사량은 자동으로 산출됩니다.

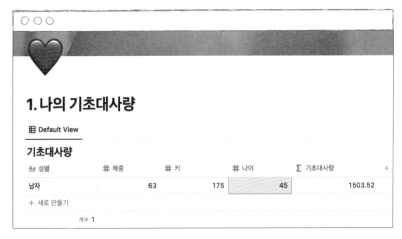

체중, 키, 나이 값 변경하기

여러분의 기초대사량을 꼭 기억해두세요. 여러분이 하루를 살기 위해 꼭 필요한 에너지니까요.

7. 삼시세끼 칼로리 기록

'다이어트 다이어리' 첫 화면에서 '삼시세끼 칼로리 기록' 페이지를 클릭합니다.

화면에서 **데이터베이스 - 표**를 클릭합니다.

2. 삼시세끼 칼로리 기록

Enter 키를 눌러 빈 페이지를 사용하거나 템플릿을 선택하세요(↑↓ 키를 이용해 선택)

📄 빈 페이지, 아이콘 사용
📄 빈 페이지
🎨 템플릿
↓ 가져오기

데이터베이스

▦ 표
▦ 보드
▦ 목록

'삼시세끼 칼로리 기록' 화면

오른쪽 화면 아래에서 **데이터베이스 생성** 글자를 클릭합니다.

속성을 클릭하여 아래와 같이 변경합니다.

'삼시세끼 칼로리 기록' 초기 화면

내용	속성 설정
1. 제목 : 제목 2. 날짜 : 날짜 3. 메뉴 : 다중 선택 4. 칼로리 : 숫자 5. 메모 : 텍스트	

아래처럼 표가 만들어졌어요.

데이터베이스 생성

8. 칼로리 입력하기

이제 항목을 직접 입력해볼게요. 아침 / 점심 / 저녁을 기준으로 먹은 음식과 칼로리를 입력합니다. 인터넷에 검색하면 음식 칼로리 정보는 쉽게 찾을 수 있어요. 개략적인 정보만 입력하도록 할게요. 삼시세끼 어떤 음식을 먹었는지 기록하려는 목표가 훨씬 중요하니까요.

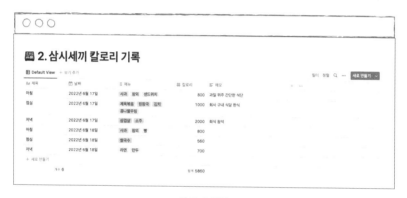

칼로리 입력

입력 후, 칼로리 필드 하단을 클릭하면 수식을 선택할 수 있어요. 메뉴 중에서 **합계**를 선택하여 칼로리 합계를 확인하도록 하겠습니다. 현재 화면에서는 2일 분량의 정보를 입력했어요. 아래쪽을 확인하시면 전체 칼로리 합계를 보실 수 있어요.

🍱 2. 삼시세끼 칼로리 기록

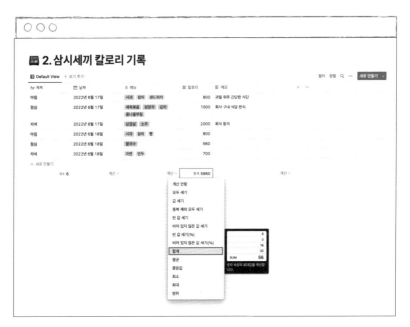

칼로리 합계 구하기

9. 필터 설정하기

만약 22년 6월 17일에 입력한 정보만 보고 싶으면 어떻게 해야 할까요? **필터**를 이용하면 간단하게 해결됩니다. 화면 오른쪽에서 **필터** 글자를 클릭합니다.

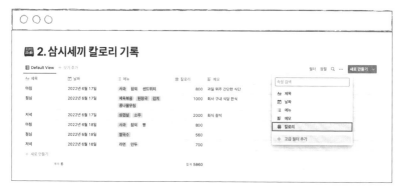

필터 설정

다시 **+ 고급 필터 추가**를 클릭합니다. 그러면 아래와 같은 팝업 화면이 나옵니다.

첫 번째 박스에는 날짜를 선택하고, 두 번째 박스는 사용자 지정 날짜를 선택합니다. 세 번째 박스는 22년 6월 17일을 선택하고 마지막 네 번째 박스는 날짜와 동일한 데이터 항목을 선택합니다. 그리고 마지막으로 오른쪽 끝의 모두에게 저장 버튼을 클릭하여 저장합니다.

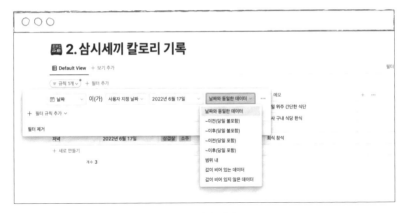

필터 팝업 화면

그랬더니 어떻게 변했나요? 22년 6월 17일 입력한 데이터만 필터링이 됐죠? 그리고 규칙1개라는 옵션도 새롭게 생겼습니다. 규칙1개를 클릭하면 필터링 옵션을 변경하실 수 있습니다.

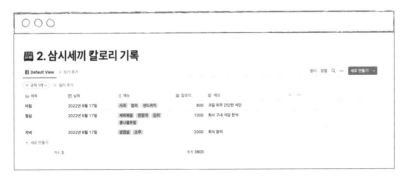

필터 결과 화면

10. 캘린더 보기 추가하기

삼시세끼 칼로리 기록은 날짜별로 하루 동안 섭취한 음식을 기록합니다. 음식 칼로리 정보는 인터넷에서 쉽게 구할 수 있으니 검색하여 입력하면 됩니다. 어떤 음식을 섭취했는지 꾸준히 기록하면 건강을 관리하는데 도움이 되겠죠?

이번에는 캘린더 보기를 하나 추가해볼게요. **보기 추가** 버튼을 클릭합니다. 오른쪽 화면에서 이름을 **캘린더 보기**로 입력하고 종류는 캘린더를 선택합니다. 설정이 완료되면 **완료** 버튼을 클릭합니다.

캘린더 보기 추가

생성된 화면은 다음과 같습니다. 캘린더 보기가 새롭게 추가됐어요.

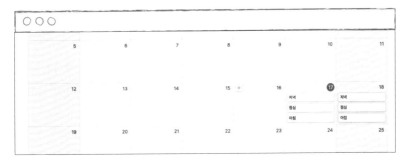

캘린더 보기 추가

11. 운동 칼로리 기록하기

'다이어트 다이어리' 첫 화면에서 '운동 칼로리 기록' 페이지를 클릭하고,
데이터베이스 - 표를 클릭합니다.

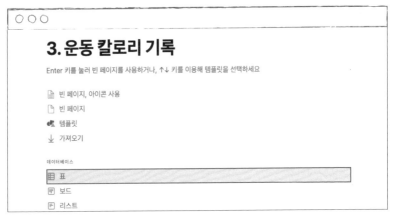

'운동 칼로리 기록' 첫 화면

그럼 다음 화면처럼 아래쪽의 ➕ 새 데이터베이스 생성을 클릭하여 표를

추가합니다.

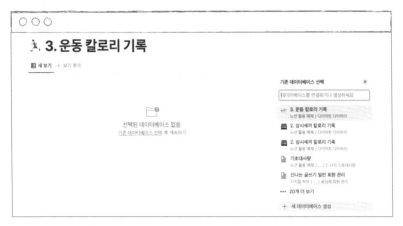

데이터베이스 - 표

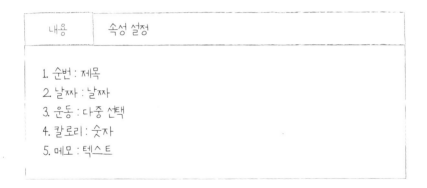

아래처럼 표를 만들고 항목을 입력해볼게요. 날짜를 기준으로 운동의 종류와 소모한 칼로리를 입력합니다. 인터넷에 검색하면 운동별로 소모 칼로리 정보는 쉽게 찾을 수 있어요. 개략적인 정보만 입력하도록 할게요.

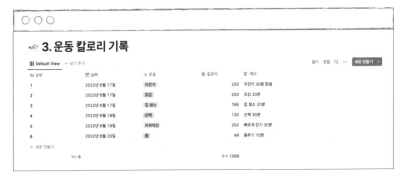

운동 칼로리 입력

입력 후, 칼로리 필드 하단을 클릭하면 수식을 선택할 수 있어요. 메뉴 중에서 **합계**를 선택하여 칼로리 합계를 확인하도록 하겠습니다. 전체 칼로리 합계를 보실 수 있어요.

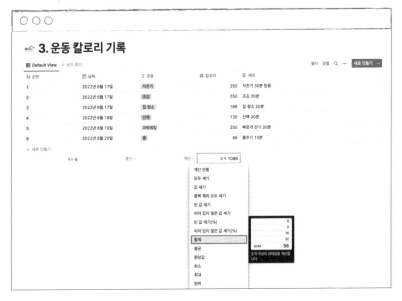

칼로리 합계 계산

12. 캘린더 보기 추가하기

운동 칼로리 기록은 날짜별로 실시한 운동과 칼로리 소모량을 기록합니다. 운동 칼로리 정보는 인터넷에서 쉽게 구할 수 있으니 검색하여 사용하면 됩니다. 어떤 운동을 실천했는지 꾸준히 기록하면 건강 관리에 도움이 되겠죠?

한 가지만 더 해볼까요? 이번에는 캘린더 보기를 하나 추가해볼게요. **보기 추가** 버튼을 클릭합니다. 항목에서 **캘린더**를 선택하고 이름은 캘린더 보기로 설정하고 완료 버튼을 클릭합니다.

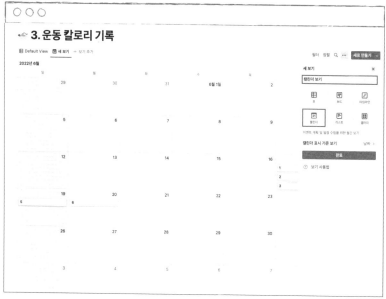

캘린더 보기 추가

생성된 화면은 아래와 같습니다. 캘린더 보기가 새롭게 추가됐어요. **속성**을 클릭하여 팝업 화면에서 운동과 칼로리 항목을 **On**했습니다.

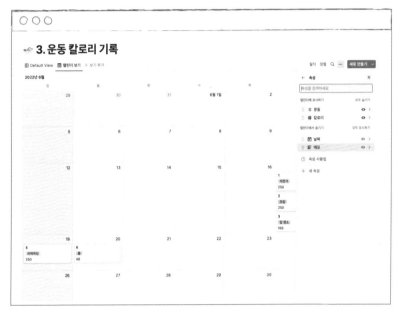

추가된 캘린더 보기

13. 다이어트 정보 기록하기

자, 다음은 인터넷에서 얻은 다이어트 정보를 여러분의 노션 페이지에 임베드해보도록 하죠. 초기화면에서 '다이어트 정보' 페이지 링크를 클릭합니다. 인터넷에서 얻은 기초대사량 계산기를 페이지에 삽입해보도록 할게요. 주소를 복사한 후 페이지에 붙여넣기를 합니다.

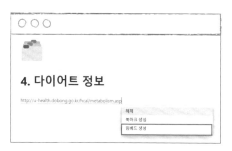

임베드 생성

붙여넣기를 하면 팝업이 열리죠? **북마크 생성**은 섬네일 주소 링크를 만들고요. **임베드 생성**은 아예 화면 자체를 페이지에 삽입해줍니다. **임베드 생성**을 클릭해 볼게요.

잠시 기다리면 아래 화면처럼 웹 페이지가 노션 안에 삽입됩니다. 하지만 크기가 잘 맞지 않아요. 크기는 웹 페이지에 맞게 수동으로 조절하면 됩니다.

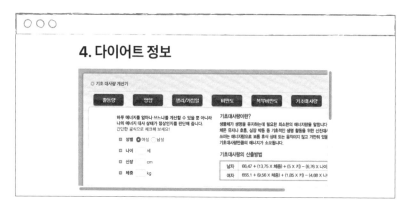

노션 페이지 안에 삽입된 웹 페이지

화면에 맞게 크기를 조절한 화면은 아래와 같아요. 다른 웹 페이지가 노션 페이지 안으로 깔끔하게 삽입이 되었습니다.

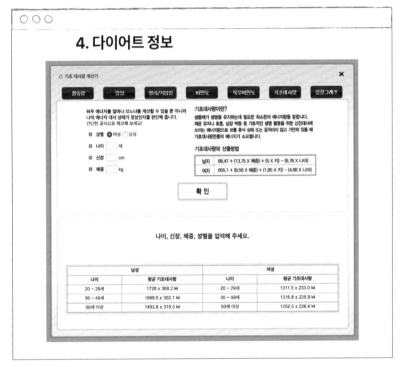

외부 웹 페이지 임베드

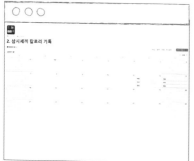

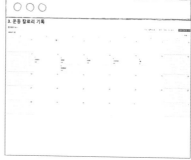

실전 예제 04
포토 갤러리 만들기

들어가기

이번 실습은 '포토 갤러리' 만들기입니다. 노션이 사진 관리까지 가능하냐고 물을 수도 있을 것 같습니다. 저의 대답은 '그렇다'입니다. 그것도 꽤 체계적으로 관리하게 도와줍니다. 게다가 외부의 클라우드 연계도 쉽습니다. 구글 드라이브에 업로드한 사진을 불러올 수도 있습니다. 저는 유료 결제를 시작한 이후 여행 사진을 중심으로 사진을 정리하고 있습니다. 그럼 지금부터 노션으로 어떻게 사진을 관리할지 알아보도록 하겠습니다.

사용할 기능

- 데이터베이스 블록
- 데이터베이스 블록 - 속성 설정
- 데이터베이스 블록 – 갤러리 레이아웃 – 속성 설정
- 데이터베이스 블록 – 갤러리 레이아웃 – 이미지 추가
- 데이터베이스 블록 – 갤러리 레이아웃 – 필터 설정
- 데이터베이스 블록 – 갤러리 레이아웃 – 지도 임베드
- 페이지 커버 추가하기(Unsplash에서 이미지 추가하기)

이런 것을 해볼 거예요

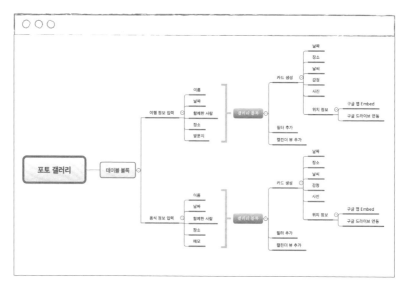

'포토 갤러리' 구조

'포토 갤러리' 첫 화면

1. 페이지 추가하기

먼저 노션 데스크톱 앱 좌측 하단의 새 페이지 버튼을 클릭하여 새로운 페이지를 만듭니다. 페이지 안의 **빈 페이지**를 클릭합니다.
페이지의 이름은 '포토 갤러리'로 바꿔줍니다.

'포토 갤러리' 페이지 생성

빈 화면에 **데이터베이스 – 인라인** 블록을 하나 추가합니다. 이름은 '여행'이라고 입력합니다. 저는 샘플로 스페인과 싱가폴 항목을 추가했습니다. **속성**에서 태그를 설정하여 입력합니다.

데이터베이스 추가

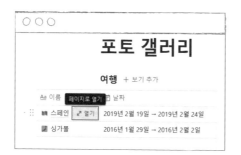

새로운 페이지 생성

이름 속성 아래 스페인으로 마우스를 옮기면 **열기** 버튼이 생깁니다. **열기** 버튼을 클릭하여 새로운 페이지를 생성합니다.

2. 갤러리 추가하기

빈 페이지에 **데이터베이스 – 인라인**을 하나 추가합니다. 이름은 '카드 보기'로 하겠습니다. ●●●설정을 클릭해서 레이아웃을 **갤러리**로 변경하고 탐색기에서 고른 사진 한 장을 카드에 **드래그 & 드롭**합니다. 어떤 현상이 벌어지나요? 새로운 카드가 하나 추가되고 사진이 섬네일 형태로 나타나지요?

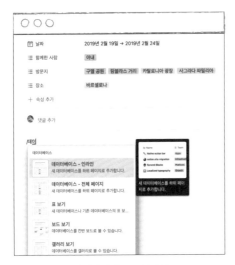

데이터베이스 – 인라인

카드에 이미지 드래그하기

데이터베이스 블록의 설정을 클릭하고 메뉴에서 레이아웃을 클릭하면 카드를 어떻게 보이게 할지 결정할 수 있어요. 설정 옵션을 한 번 볼까요?

카드 설정

카드 크기 예시

작게   중간   크게

16장의 사진을 추가한 카드 보기의 모습입니다.

16장의 사진 추가

3. 구글 맵 추가하기

사진의 위치를 추가하려면 구글 맵을 쓰면 됩니다. 구글 맵에서 원하는 위치를 검색하고 주소창의 텍스트를 복사하여 노션 페이지에 붙여넣기를 합니다. 저는 '사그라다 파밀리아' 사진이 저장된 페이지에 구글 맵을 추가하겠습니다. 붙여넣기 작업을 하면 팝업이 하나 열립니다. 옵션에서 **임베드 생성**을 선택합니다.

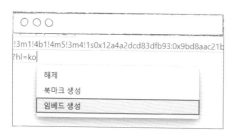

생성 Embed

Notice

생성 Embed는 구글 맵을 노션 페이지에 배치합니다. 노션 페이지 내부에서 사진과 구글 맵을 동시에 보는 개념이죠.

구글 맵이 페이지에 삽입되었습니다.

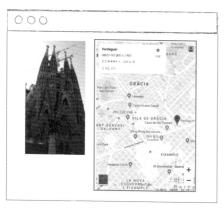

사진과 구글 맵 추가하기

4. 구글 드라이브 연동하기

추가적으로 '구글 드라이브'에 저장된 사진을 카드에 추가하도록 할게요.
구글 드라이브에 접속하여 추가할 사진을 선택합니다. 선택 후, **마우스 우
측 버튼**을 클릭하면 팝업 메뉴가 나옵니다. 팝업 메뉴에서 **Share**를 선택합
니다.

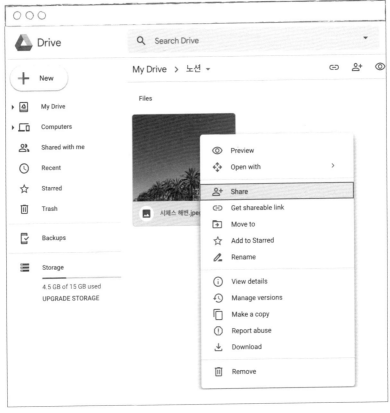

구글 드라이브에서 사진 선택

팝업 화면에서 **Get Shareable Link**를 클릭합니다. 사진을 외부에 공유하기 위해 주소를 만듭니다.

Copy Link 버튼을 클릭하여 생성된 주소를 복사합니다.

링크 복사하기

이제 노션에서 카드를 하나 추가하고 복사한 주소를 페이지에 붙여넣기합니다. 붙여넣기하면 팝업 메뉴가 하나 열립니다. 메뉴에서 **Google Drive 임베드**를 선택합니다.

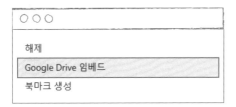

Embed Google Drive

아래처럼 구글 드라이브에서 공유한 사진이 페이지에 추가되었습니다.

포토 갤러리에 구글 드라이브 사진 추가

5. 필터 추가하기

추가된 사진 중에서 인상 깊었던 '사그라다 파밀리아 성당'만 볼 수 있는 보기를 만들어볼게요. **보기 추가**를 클릭하여 이름은 '사그라다 파밀리아'로 하고 **레이아웃**에서 **갤러리**를 선택합니다.

필터 - 고급 필터 추가를 클릭하여 조건을 걸어보겠습니다. 이름은 '장소'로 바꾸고 **옵션 선택**을 리스트에서 '사그라다 파밀리아 성당'으로 변경하고 값을 포함하는 데이터를 선택합니다.

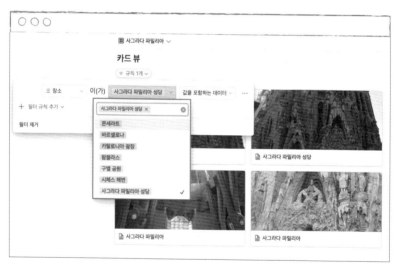

필터 추가

6. 캘린더 추가하기

여러분이 만든 태그에 따라 자유롭게 보기를 추가하면 되는데 이번에는 캘린더를 하나 추가할게요. **보기 추가**를 클릭하여 **레이아웃**에서 **캘린더**를 선택하고 이름은 '캘린더'로 하겠습니다.

설정의 **속성**을 클릭하여 **속성**을 설정합니다. 저는 날씨와 장소를 **On**하였습니다.

캘린더

같은 방법으로 여러분도 여행지별로 항목을 만들고 사진을 추가해보세요.

7. 음식 갤러리 추가하기

다음은 음식 갤러리를 만들 어 볼게요.

여행 표를 선택하고 옵션에 서 복제를 선택합니다.

데이터베이스 블록 복제 실행

하단에 **여행의 사본**이라는 데이터베이스 블록이 하나 더 생겼죠? 이름을 '음식' 으로 바꿀게요. 항목도 모두 삭제하겠습니다. 케이크라는 항목을 새로 추가하 고 '열기'버튼을 클릭합니다.

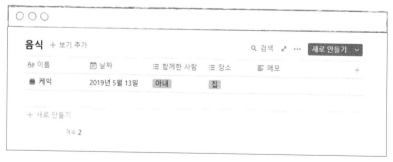

데이터베이스 블록 복제 결과

케이크 페이지에서 **데이터베이스 - 인라인**을 추가하고 레이아웃에서 갤러리로 설정합니다. 이름은 '케이크'로 입력하고 기존 카드는 전부 삭제합니다. 음식 사진을 카드에 드래그 & 드롭합니다.

사진 추가 화면

여행 사진 추가한 것과 마찬가지로 카드 설정과 속성은 여러분의 입맛에 맞게 설명하면 됩니다.

이상 노션으로 '포토 갤러리'를 만들고 관리하는 법을 배웠습니다. 데이터베이스 블록을 이용하여 분야별로 목록을 묶고, 개별 데이터베이스 블록에서는 갤러리 블록을 이용하여 사진을 분류했습니다. 속성은 여러분의 개성대로 추가하거나 수정하여 사용하면 됩니다.

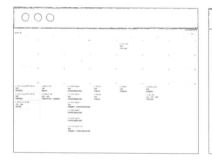

실전 예제 05
To-Do 리스트 만들기

들어가기

이번 실습은 To-Do 리스트를 만들어 볼 거예요. 여러분은 To-Do 리스트를 자주 사용하시나요? 머릿속에서 할 일을 정리하려니 한계도 있고 꾸준하게 진행도 잘 안되죠? 앱 스토어에서 이런저런 앱을 다운받아서 사용했는데 만족스럽지도 않고, 내 입맛에 맞게 기획하고 기능을 붙여가며 쓰고 싶은데 직접 앱을 개발할 수도 없고 답답한 노릇이지요? 트렐로처럼 칸반 보드 형태로 관리하고 싶기도 하고, 캘린더 형태로 일정을 관리하고 싶기도 하죠. 거짓말 조금 보태 노션이라면 To-Do 리스트 관리의 웬만한 건 다 가능하다고 보면 됩니다.

사용할 기능

- 페이지
- 데이터베이스 블록 – 보드 레이아웃
- 데이터베이스 블록 – 보드 레이아웃 - 속성 설정, 카드 추가하기,
  카드 Drag & Drop
- 페이지 커버 추가하기
- 데이터베이스 블록 – 캘린더 레이아웃
- 데이터베이스 블록 – 캘린더 레이아웃 - 리마인더 설정
- 협업하기

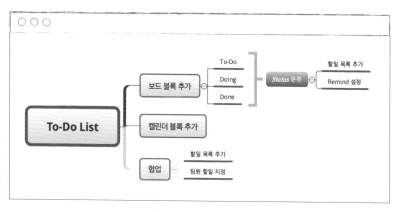

'To-Do 리스트' 구조

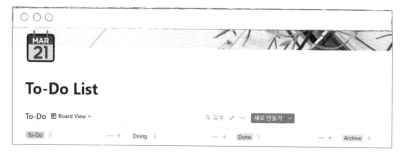

'To-Do 리스트' 첫 화면

1. 페이지 추가하기

노선으로 To-Do 리스트를 어떻게 관리하는지 천천히 알아보도록 해요.
먼저 노선 좌측 하단의 새 페이지 버튼을 클릭하여 '빈 페이지'를 하나 만
듭니다. 페이지의 이름은 'To-Do 리스트'로 바꾸고, 아이콘과 커버 이미지
까지 추가합니다.

'To-Do 리스트' 페이지 추가

다음은 /를 입력하여 블록을 하나 추가할게요. 목록에서 **데이터베이스 - 인라인**
을 선택하고 레이아웃에서 보드를 설정합니다.

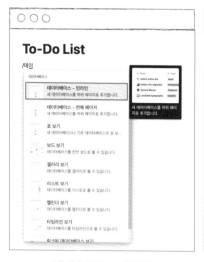

데이터베이스 – 인라인

커버 이미지 추가하기

기본 보드

설정을 완료하면 이와 같이 카드1, 카드2, 카드3가 만들어져 있습니다.

먼저 오른쪽의 ➕를 클릭해서 **To-Do, Doing, Done** 세 가지 그룹을 추가하고 상태 없음에서 설정을 클릭하여 숨김을 선택합니다. 상태 없음 보드는 이름을 수정할 수 없기 때문입니다.

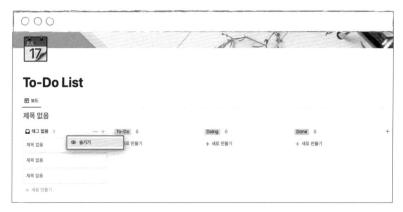

상태 없음 항목 숨기기

그리고 **그룹 추가**를 클릭하여 **Archive**를 추가합니다.

2. 해야 할 일 목록 추가하기

이제 해야 할 목록을 추가할게요. **To-Do** 하위의 **새로 만들기** 아이콘을 클릭합니다. 몇 가지 내용을 입력합니다.

5가지 카드를 추가한 화면입니다.

카드 추가 결과

To-Do 그룹에 속한 카드는 아직 시작하기 전이에요. 일단 해야 할 목록을 끌어내는 것이 첫 번째입니다. 생각나는 대로 해야 할 목록을 모두 적어보세요. 생각이 나지 않으면 나중에 다시 추가하면 됩니다. 그럼 **To-Do** 그룹에 속한 목록 중에서 가장 우선 순위가 높은 카드를 정하세요. 그리고 드래그하여 **Doing** 그룹으로 옮깁니다. 이제 시작했다는 뜻입니다. '아침 명상하기' 항목을 먼저 옮겨볼게요.

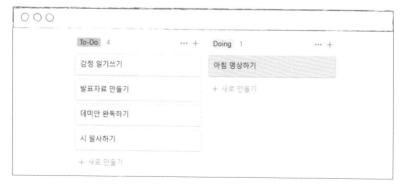

To-Do에서 Doing으로 항목 옮기기

간단하죠? 카드를 선택해서 드래그하면 끝입니다. **아침 명상하기**를 몇 시에 시작해야 할지 시간을 설정해볼까요? '아침 명상하기' 카드를 클릭하면 빈 페이지로 연결이 됩니다. 빈 페이지에서 **속성 추가**를 클릭하여 **속성**을 하나 추가하고 이름을 '날짜'로, 속성은 **날짜**로 설정합니다. 아래 화면처럼 기존 **속성**에 **날짜 속성**이 추가되었어요.

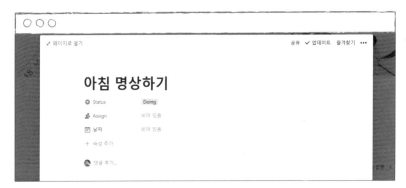

속성 추가

3. 날짜 설정하기

날짜를 설정해볼게요. **시간 포함** 옵션을 **On**으로 설정하여 세부 시간을 설정합니다. 저는 새벽 6시로 설정했어요.

카드 추가 결과

그리고 **리마인더**를 선택하여 팝업 상자에서 **알람** 옵션을 설정합니다. 저는 해당 시간이 되면 알람이 울리도록 **이벤트 정각**을 선택했어요. 날짜에 설정한 시간이 파란색으로 표시가 됩니다. 해당 시간이 되면 앱에서 알람이 울릴 겁니다.

시간 자세하게 설정

오전 6시에 명상을 마쳤다면 **Done**그룹으로 다시 옮깁니다.

항목 옮기기

To-Do 그룹에 놓인 다른 항목도 마찬가지입니다. 진행 중일 때에는 **Doing** 그룹으로 드래그하고, 완료가 되면 **Done**으로 옮깁니다. 더 이상 사용하지 않을 경우는 **Archive** 그룹으로 옮깁니다. 나머지 4개의 항목도 완료했다면 **Doing** 그룹으로 옮깁니다.

항목 옮기기 계속

4. 캘린더 보기 추가하기

캘린더 보기 추가

지금 보여드린 예제는 칸반 보드 형식의 To-Do 리스트입니다. 진척되는 상황을 한눈에 보기 위함이죠. 목록을 캘린더 형식으로 보고 싶다면 어떻게 해야 할까요? 아주 간단합니다. **보기 추가** 버튼을 클릭합니다. 레이아웃 설정 화면에서 이름은 캘린더로, 종류는 캘린더를 선택한 후, 완료를 클릭합니다.

캘린더 보기를 추가한 화면입니다. Doing 그룹에 추가한 목록을 캘린더에서 확인할 수 있어요.

캘린더 보기

5. To-Do 리스트 협업하기

이번 실습은 To-Do 리스트를 다른 사람과 협업하는 방법을 배워볼 거예요. 노션의 장점 중 하나가 협업 기능이에요. 다른 분을 **To-Do 리스트** 기능에 초대해서 함께 이용하는 법을 배워볼게요.

화면 우측 상단의 **공유** 아이콘을 클릭할게요.

공유

팝업 화면이 하나 나오죠? 화면에서 **초대** 버튼을 클릭할게요.

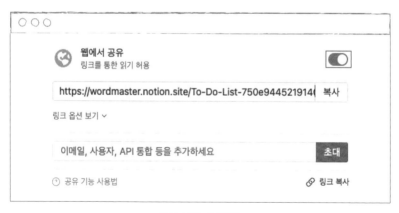

다른 사람 초대하기

사용자 초청을 위한 입력창이
나와요. 입력창에 초청해야 할
이메일 주소를 입력하거나 리
스트에서 선택한 후, **초대** 버튼
을 클릭하여 사용자에게 초청
이메일을 발송합니다.

이메일 입력하기

편집 허용 메뉴를 펼치면 **전체 허용**이라는 글자가 보입니다. 초청하는 사용자
에게 페이지를 수정할 수 있는 모든 권한을 준다는 의미예요. 권한을 조정할
수도 있겠죠? 펼침 메뉴를 한 번 클릭해봐요.

다른 사람 초대하기 및 권한 설정하기

6. 초청 사용자 권한

전체 허용	페이지를 수정할 권한과 다른 사람을 초청할 권한을 동시에 가져요.
편집 허용	페이지의 수정만 가능하고 다른 사람을 초청할 수 없어요.
댓글 허용	수정은 불가능하고 코멘트만 달 수 있어요.
읽기 허용	오직 읽는 것만 가능해요.

초청하는 사람에게 어떤 권한을 줄지 결정하고 초청하면 됩니다. 실제 초청한 후에 어떤 일이 벌어지는지 살펴 보죠. 이메일 주소를 입력하고 **초대**

버튼을 클릭해주세요. 어때요? 새로 초청한 사람이 페이지 목록에 추가됐죠?

초청하기

7. 초청 응답하기

초청받은 이메일 확인

초청받은 사람은 자신의 이메일 계정으로 접속합니다. 접속하면 아래와 같은 메일을 확인할 수 있어요. **Click here to view it** 링크를 클릭합니다.

메일 인증하기

링크를 클릭하면 자신의 계정을 인증하는 절차에 따릅니다. 저는 지메일로 신청했기 때문에 구글로 인증을 진행했습니다.

인증 과정을 통과하면 몇 가지 정보를 물어봅니다. 이름, 성, 비밀번호를 설정한 후, 계속 버튼을 클릭합니다.

메일 인증 과정

다음 화면처럼 'To-Do 리스트' 첫 화면에 접속이 되었습니다.

접속 완료

8. 새로운 항목 추가하기

새로운 항목 추가

새로운 항목을 추가해봅니다. 'Doing' 그룹에서 **새로 만들기** 아이콘을 클릭합니다. '주간 회의 참석하기'라고 이름을 쓰고 카드를 클릭하여 페이지로 이동합니다.

주간 회의 참석자 설정

적당한 날짜를 입력하고 **배정** 항목에 사람을 지정합니다. 말하자면 회의에 참석할 사람을 지정하는 겁니다. 지정된 사람에게는 푸시 메시지가 전달됩니다. 저는 총 3명을 지정했습니다.

9. '일정 관리' 보기 변경하기

'일정 관리'로 보기를 변경합니다. 캘린더에서 방금 추가한 '주간 회의 참석하기'를 확인합니다.

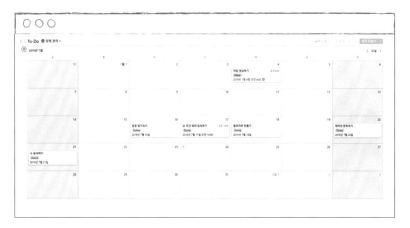

회의 참석자 확인

이렇게 완성되었어요

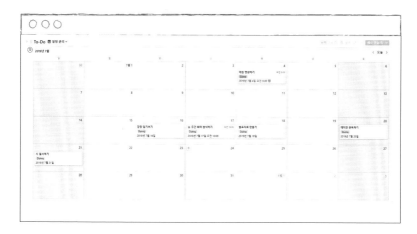

Part 4

노션 더 잘 쓰기

템플릿을 활용해 감각 키우기

1. 노션 공식 템플릿 엿보기

앞서 말씀드린 대로 노션 팀은 공식 템플릿을 제공하고 있어요. 공식 템플릿으로 이동하는 방법은 좌측 사이드바에서 **템플릿** 메뉴를 선택하면 됩니다.

템플릿을 선택하면 아래 이미지와 같이 노션 팀에서 제공하는 공식 템플릿들이 보입니다

우측 메뉴에 템플릿이 카테고리화되어 있네요.

공식 제공하는 템플릿들을 하나하나 살펴보길 추천합니다. 앞서 따라 해보기로 배웠던 기능들을 노션 팀은 어떤 식으로 쓰도록 가이드하고 있는지 아이디어를 얻을 수 있을 거예요. 그리고 맘에 드는 템플릿을 찾는다면 우측 메뉴 바 상단의 **이 템플릿 사용**을 클릭하면 여러분의 워크스페이스 안으로 해당 템플릿이 들어오게 됩니다. 입맛에 맞게 수정해 쓰는 건 여러분의 몫이겠죠?

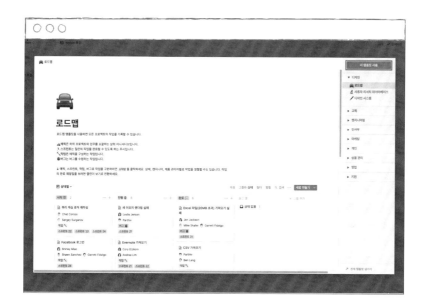

2. 추천 템플릿

회사 홈 템플릿

첫 번째 추천 템플릿은 회사 홈입니다.

노션을 회사 협업 툴로 사용하려는 목적이 있으신 분들은 이런 방식으로 회사 Home을 구성해서 쓰면 좋지 않을까 생각합니다. 그리고 더불어 어떤 항목을 썼는지도 봐 두면 좋겠죠?

회사 홈

Notice
회사 홈은 템플릿 창의 오른쪽 부분 '인사부'를 클릭하면 확인할 수 있습니다.

작업 목록 템플릿

두 번째는 Weekly Agenda 템플릿입니다. 이 템플릿을 이용해서 개인 할 일들을 효과적으로 관리할 수 있습니다. 장기/단기 할 일들부터 쇼핑목록 등의 세부항목이 있는 내용들을 관리하는 것도 가능하죠. 무엇보다 할 일, 진행 중 , 완료의 세 단계 상태로 구분해서 할 일 관리가 가능하기 때문에 시각화에도 도움이 되실 겁니다.

작업 목록

회의록 템플릿

마지막은 직장인이라면 한 번쯤 써봤을 미팅 회의록 템플릿입니다. 아래 양식처럼 회의록들을 리스트로 정리해 놓으면 붙여 놓은 태그와 할당된 인원을 한 눈에 볼 수 있고, 각 항목별로 정렬도 해볼 수 있습니다. 여기서 제가 선정한 3가지 템플릿을 꼭 그 목적으로 쓰지 않더라도 입력 방식을 어떤 형식으로 썼는지를 보면 여러분만의 방식이 생기지 않을까 생각합니다. 모두 노션 팀에서 제공하는 공식 템플릿입니다.

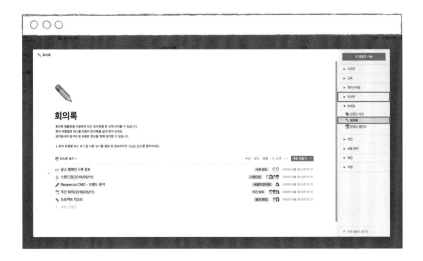

> **Notice**
> 회의록 템플릿은 템플릿 창의 오른쪽 부분 '마케팅'을 클릭하면 확인할 수 있습니다.

3. 다른 유저들의 템플릿 엿보기

노션 팀에서 공식 가이드 한 템플릿 외에도 유저들이 직접 사용하고 있는 템플릿을 참고해 보면 어떨까요? 공식 템플릿과는 또 다른 발견을 할 수 있을 거라 생각합니다. 노션 유저들의 템플릿은 구글에서 검색할 수도 있지만, 노션 홈페이지에서 친절하게 링크를 소개하고 있습니다. 템플릿 화면 우측 메뉴바 하단에 보면, **전체 템플릿 갤러리**라고 쓰여 있는 문구가 있습니다. 여기를 클릭하면 노션 팀과 커뮤니티에서 유저들이 공유한 템플릿을 편하게 골라 보실 수 있습니다.

템플릿 사이트에서는 기본적으로 'Notion에서 제공하는 템플릿'을 가장 상단에서 보여줍니다. 그리고 그 아래로 Notion 한국 커뮤니티가 만든 템플릿으로, 위키 형식의 템플릿, 플래너 형태의 템플릿, 학교에서 쓰기 좋은 템플릿을 제공하고 있습니다. 이번에 한국어판 서비스를 론칭하면서 한국 사람들의 템플릿을 추가해준 부분도 돋보이네요.

Notion에서 제공하는 템플릿

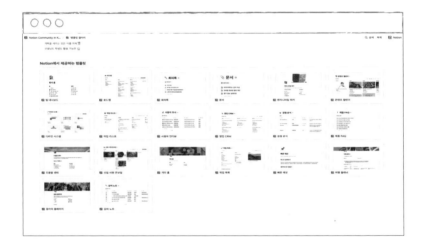

위키 형식의 템플릿

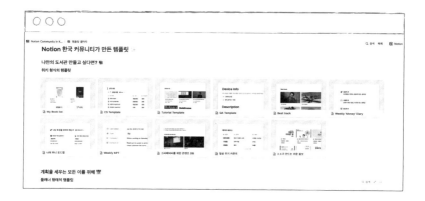

플래너 형식의 템플릿

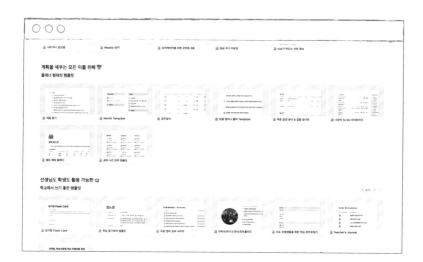

4. 템플릿 가져오기

전체 템플릿 갤러리의 템플릿을 내 워크스페이스로 가져오려면 갤러리의 페이지에 들어가 보면 페이지 중간에 원래의 템플릿 페이지로 이동할 수 있는 링크가 있습니다. (예시 사진에서는 '여행 플래너'라고 써있는 부분입니다.) 이 페이지로 이동해서 우측 상단에 **'복제'**라는 메뉴를 누르면 자신의 워크스페이스로 가져오게 됩니다.

다른 서비스 데이터 가져오기

노션은 올인원 워크스페이스를 구현합니다. 그래서 다른 서비스의 여기저기 흩어져 있는 자료를 노션으로 가져올 수 있는 가져오기(import) 방법을 제공하고 있습니다. 만약 이런 방법을 제공하지 않았다면, 일일이 데이터를 옮겨야 하는 수고로움 때문에라도 노션이라는 새로운 서비스를 써보려고도 하지 않았겠죠?

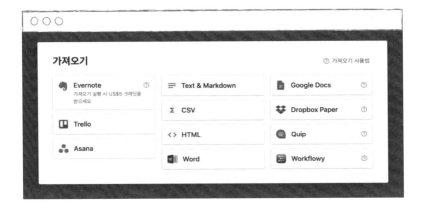

다음은 노션에서 가져오기(import)를 지원하는 서비스들의 목록입니다. Evernote, Trello, Asana 3가지입니다. 이 세 가지 서비스는 각 서비스의 로그인을 하면 원하는 데이터를 선택해 가져올 수 있도록 연결되어 있습니다.

나머지 경우는 대부분 원래의 서비스에서 내보내기(Export) 기능을 지원하기 때문에 HTML 또는 텍스트, Markdown 형태로 내보내기(Export)를 해두고, Notion에서 HTML 또는 텍스트 & Markdown 기능으로 가져오기(import)를 하는 방식입니다.

1. Evernote 데이터 가지고 오기

페이지의 좌측 사이드바 메뉴의 **가져오기**를 선택합니다. 가져오기 서비스 목록이 뜨면 **Evernote**를 선택합니다.

에버노트 로그인 화면이 뜹니다.

얼마간 접근을 허락할지 선택하는 화면이 나올 때 원하는 기간을 선택하고 **인증**을 선택해줍니다.

인증을 마치면 데이터를 옮겨오려는 에버노트의 노트북 목록이 보입니다. 가져오기를 원하는 노트북을 **체크**하고, **가져오기** 버튼을 눌러줍니다.

노션에 에버노트의 노트북 이름으로 하나의 페이지가 만들어진 걸 확인할 수 있습니다. **리스트 - 인라인** 형태로 이동됩니다.

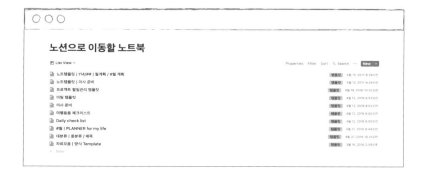

페이지의 좌측 사이드바 메뉴의 **가져오기**를 선택하고, 서비스 목록 중 **Trello**를 선택합니다.

Trello의 **Log in** 버튼을 선택합니다.

로그인 화면이 나오면 **로그인**을 합니다.

트렐로의 보드들이 리스트로 나타나고, 원하는 **보드**를 선택할 수 있습니다.

가져오기 버튼을 누르면 Notion으로 트렐로의 데이터를 가져온 걸 확인할 수 있습니다.

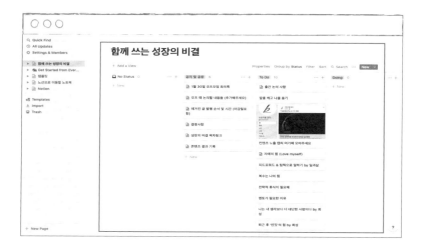

페이지의 좌측 사이드바 메뉴의 **가져오기**를 선택하고, 서비스 목록 중 **Asana**를 선택합니다.

Asana 서비스에 **로그인**을 합니다.

로그인 후에 가져올 수 있는 데이터가 표시되니, 선택하고 **가져오기** 해주면 됩니다.

노션으로 가져오기가 완료된 걸 확인할 수 있습니다.

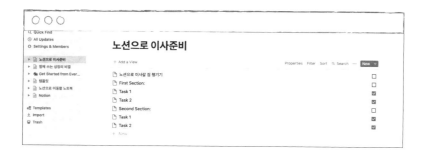

4. Workflowy 데이터 가지고 오기

앞서 말씀드린 것처럼 Evernote, Trello, Asana를 제외하곤 서비스 차원에서 '가져오기'를 지원해 주진 않습니다. 원래의 서비스에 가서 HTML 또는 텍스트, Markdown 형태로 내보내기를 한 후, 노션의 HTML 또는 텍스트 & Markdown 기능으로 가져오기 해주는 것이죠. 그래서

Workflowy의 데이터를 가져오기 하는 걸 설명하면서, 텍스트 & markdown 가져오기도 함께 설명하려고 합니다. 데이터를 가져오려는 Workflowy로 가서, 내보내기를 원하는 목록을 **Export** 합니다.

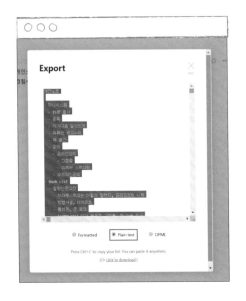

내보내기할 때 옵션은 **Plain text**를 선택합니다.

노션으로 돌아가서 페이지의 좌측 사이드바 메뉴의 **가져오기**를 선택합니다.
가져오기 서비스 목록이 뜨면 **Workflowy**를 선택합니다.

내부 저장소의 파일을 선택할 수 있는 창이 뜨는데, 이때 아까 Workflowy 에서 **Export** 해놓은 파일을 선택합니다.

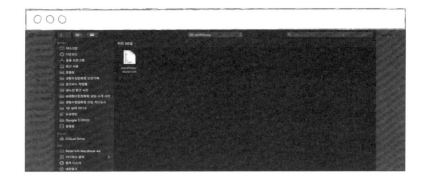

Workflowy 데이터를 노션으로 가져왔습니다. 여기서 한 가지 팁은 Workflowy에서 데이터를 가져올 때 노션은 **글머리 기호 목록** 형태로 가져옵니다. 그럴 경우 Workflowy에서처럼 하위 데이터들을 접었다 펼 수 없기 때문에 전체 데이터를 선택해서 **토글 목록**으로 바꾸어 주는 편이 좋습니다.

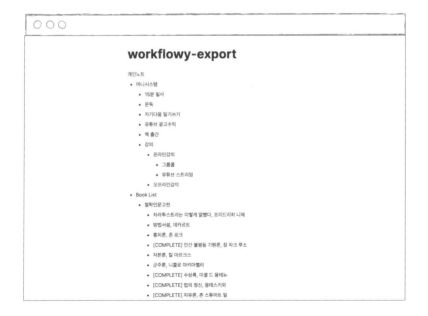

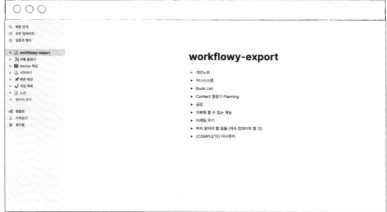

5. Quip 데이터 가지고 오기

아쉽게도 Quip은 한 번에 두 페이지 이상을 가져올 수 없습니다. 개별 페이지만 노션으로 이동할 수 있습니다. Quip에서 페이지 왼쪽 상단에 있는 **문서** 아이콘을 클릭하고, **내보내기**의 HTML을 선택합니다. (Markdown 또는 HTML로 내보내기를 선택하면 되는데, Workflowy import에서 텍스트 & Markdown은 해봤으니 여기선 HTML을 선택해 봤습니다.)

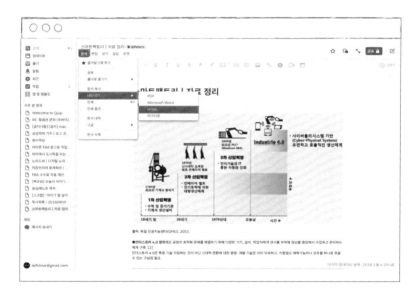

페이지의 좌측 사이드바 메뉴의 **가져오기**를 선택하고, 서비스 목록이 뜨면 **Quip**을 선택합니다.

내보내기해 놓은 HTML 파일을 선택합니다.

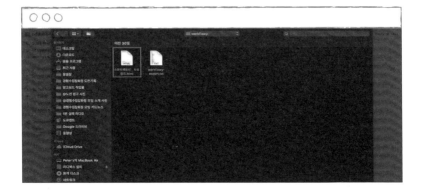

데이터가 노션으로 가져오기(import)됩니다.

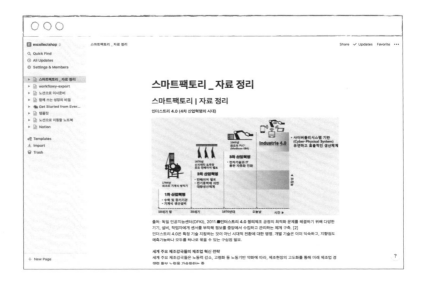

NEW 한 권으로 끝내는 노션 NOTION

6. Dropbox Paper 데이터 가지고 오기

Dropbox Paper에 가서 내보내기(export) 원하는 파일을 선택하고, 하단의
'내보내기'를 선택하면 Dropbox Paper에서 해야 할 일은 끝이 납니다. (이
번엔 마크다운 형태로 내보내기를 해보도록 합니다.)

 노션으로 돌아와 페이지 좌
측 메뉴의 **가져오기**를 선택하
고, **Dropbox Paper**를 선택합
니다.

내보내기한 마크다운 형태의 파일을 찾아 선택합니다.

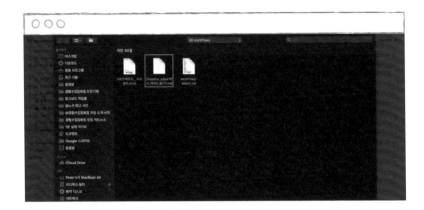

노선으로 Dropbox Paper 문서가 가져와 진 걸 확인하실 수 있습니다.

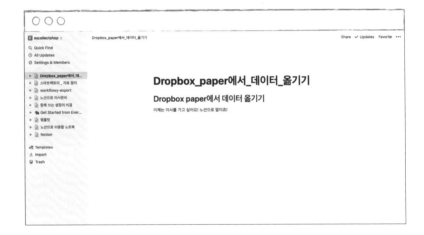

7. CSV와 Word 파일 가져오기

노션 페이지 좌측 메뉴의 가져오기를 선택하고 원하는 메뉴를 선택합니다. CSV를 선택한 경우, 가져오기하려는 CSV파일(.csv)을 선택하면 노션으로 데이터를 불러옵니다. Word로 선택한 경우, 가져오기하려는 Word 파일(.docx)을 선택하면 노션으로 데이터를 불러옵니다.

스마트폰에서는 노션 앱이 조금 느립니다. 이전에 발생하던 무한 로딩 현상은 모바일 앱 업데이트로 많이 개선됐지만 여전히 느리게 느껴질 수 있지요. 그래서 많은 분들이 노션을 PC에서 주로 활용하고 있습니다. 모바일에서 좀더 빠르게 사용하는 방법은 스마트폰에서도 노션을 사용하는 것입니다.

앱을 삭제하고, 스마트폰에서 노션 웹사이트를 열어 로그인 합니다. 스마트폰 바탕화면에서 접속하기 쉽도록 노션 페이지를 **홈화면에 추가**하여 아이콘을 만듭니다.

스마트폰에서 다음의 아이콘으로 노션에 접속하면 빠른 속도로 노션을 사용할 수 있습니다.

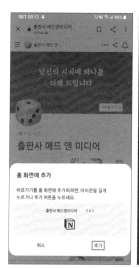

다양한 노션 활용 분야

모임 관리

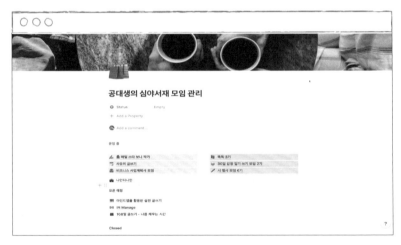

- 모임의 진행 상황 관리
- 오픈 예정 / 오픈 / 완료된 모임의 각 페이지 링크 관리

매거진 관리

- 브런치 매거진 운영 관리
- 칸반 보드 형식으로 발행 현황을 아이디어 기획 - 원고 작성 중 - 발행 완료 - 서랍의 단계로 관리
- 노션의 코멘트 기능으로 원고에 피드백 남기기
- 항목의 드래그 & 드롭 실시간 관리

아이디어 관리

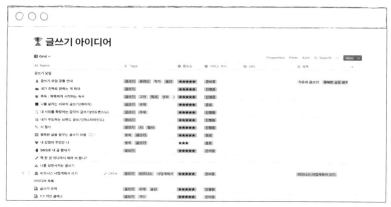

- 아이디어 관리
- 아이디어가 생각날 때마다 노션 데이터베이스 블록에 추가

공지사항 관리

- 모임의 공지사항을 노션 페이지로 관리
- 글감을 노션 블록으로 일목 요연하게 제공
- 모임에 참여하는 사람이라면 언제든지 내용을 열람하도록 관리
- 공유 기능으로 누구나 접속 가능

To - Do 리스트 관리

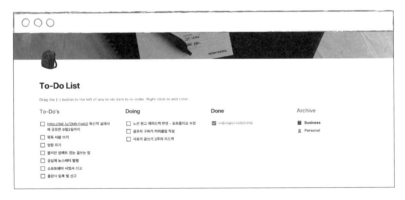

- 할 일 목록 관리
- 긴급 할 일 : 붉은색
- 2~3일 내 할 일 : 파란색
- 일주일 내 할 일 : 초록색
- 처리되면 저장소로 분리하여 보관

MZ 세대의 선택, 노션 Notion!

노트 앱 계의 틱톡, 노션 Notion!

갤럭시와 애플을 비교하는 세대는 지나갔습니다. MZ 세대를 알고 싶다면 다운받은 앱과 사용하는 TOOL을 보면 됩니다. 자신을 드러내는 일에 쉼이 없는 그들에게 노션은 최적의 노트 앱입니다. 그들은 운동을 하고, 여행을 가고, 맛집을 가고, 공부를 할 때마다 콘텐츠를 생산합니다. 그 기록을 분류하고 디자인하고 프로모션합니다. 노션은 MZ 세대의 모든 콘텐츠를 작성하고 관리하고 소셜 미디어로 내보 낼 수 있는 일관적이며 통합적인 노트 앱입니다.

효율적인 성장을 입증한 협업 툴, 노션 Notion!

MZ 세대가 가장 꺼리는 회사 일은 회의입니다. 직원의 자세를 말하는 CEO보다 명확하게 업무를 구분하고 배치하고 전체 목표와 개인의 목표를 업무 프로세스에 합리적으로 배분하는 CEO를 선호합니다. 노션은 회사와 개인의 업무 목표를 명확하게 하고 프로세스를 촘촘히 짜고 개인의 성과를 드러낼 수 있는 툴을 제공합니다. 그 때문에 1인 비즈니스에서 대기업까지, 새로운 비즈니스 문화에 적응하고 싶은 많은 스타트업이 노션을 사용합니다.

개인주의 시대의 새로운 유닛, 노션 Notion!

MZ 세대에 대한 가장 큰 오해는 이기적이라는 말입니다. 회의가 싫다고 협업을 거부하지 않습니다. 그 방식이 바뀌었을 뿐입니다. 회의도, 일대일 미팅도, 카톡 업무 지시도, 회식도 이전 세대의 문화입니다. 주고받는 대화보다 자신의 일을 공유하는 것에 익숙합니다. 개인 단위로 업무를 기록하고 공유합니다. 이 새로운 문화는 비즈니스에 새로운 바람을 일으키고 있습니다. 하지만 기존의 업무 관리툴은 MZ 세대의 요구를 반영하고 있지 못합니다. 서로 얼굴을 보지 않아도 일을 할 수 있는 노트앱, 노션입니다.

4~50대의 필수 비즈니스 툴, 노션 Notion!

스타트업에서는 업무 협업툴로 사용하고, 기업에서는 기업의 홍보페이지, 이벤트페이지, 구인창구로 도 활용합니다. 개인은 독서 기록, 운동 기록, 식단 기록 등 세상의 모든 기록을 노션에서 쌓아가고 있습니다. 당신이 학생이든, MZ 세대 든, 이전 세대 든 중요하지 않습니다. 바뀐 비즈니스 문화와 업무 관리 시스템에 적응하기 위해 노션에서 프로필을 만들어야 합니다.

노션이 업데이트되는 동안, 책도 업그레이드했습니다.

우선 2020년 3월 01일 출간된 <한 권으로 끝내는 노션>을 사랑해주신 독자분들께 감사드립니다. 보다쉽게 노션을 사용하고 싶은 사람들을 위한 입문 책으로 완판이 되었습니다. 그해 11월 개정판을 내게 되었습니다. 노션이 쉬지 않고 변하고 있기 때문입니다. 개인에게는 무료로 제공하고 한글판도 생겼습니다. 유저와 함께 수정하고 개발하는 툴인 노션은 2022년 8월 '노션 뷰'를 출시했습니다. 그동안 노션은 엔지니어, 디자이너, 마케터 등 기업의 규모에 맞는 각종 비즈니스 툴을 개발했습니다. 보다 발전된 노션을 독자분들께 알려드리기 위해 또 한 번 개정판을 출간하게 되었습니다. 바로 <NEW 한권으로 끝내는 노션>입니다.

-<프랭클린 다이어리>가 '성공하는 사람들의 7가지 습관'에서 시작했다면, 노트 앱 노션을 효율적으로 사용하기 위한 책, <NEW 한권으로 끝내는 노션>을 읽으세요. 읽기만 하면 됩니다.

<NEW 한권으로 끝내는 노션>은 우리나라에 10명 밖에 없는 노션 공식 강사, 노션엠버서더 중 피터 킴, 이석현 두 분의 작가님이 쓰신 책이라 어떤 매뉴얼보다 정확하고, 친절한 설명을 받으실 수 있습니다. 3년 동안 노

션 유저들을 위해 업데이트한 기능과 솔루션을 새로 소개하고 학생에서 직장인까지, 1인 기업에서 중소기업 그리고 대기업까지, 프리랜서에서 스타트업까지. 당신이 글을 쓰든, 그림을 그리든, 사진을 찍든, 디자인을 하든, 앱 개발을 하든, 크리에이터를 하든, 숏폼 컨텐츠를 만들어도 괜찮습니다. 그 누구라도 다이어리가 있어야 합니다. 일정 관리를 하고 팔로워와 소통하고 그들에게 메시지를 보내고 싶다면 MZ 세대의 다이어리 노션을 사용하시면 많은 도움을 받을 수 있습니다. 그리고 그 옆에 <NEW 한권으로 끝내는 노션>을 놓아 두면 됩니다.

애드앤미디어
엄혜경

NEW 한 권으로 끝내는 노선

3차 개정판 1쇄	2022년 8월 10일
3차 개정판 4쇄	2024년 7월 1일

지음	피터 킴, 이석현
발행인	엄혜경
발행처	애드앤미디어
등록	2019년 1월 21일 제 2019-000008호
주소	서울특별시 영등포구 도영로 80, 101동 2층 205-50호
	(도림동, 대우미래사랑)
홈페이지	www.addand.kr
이메일	addandm@naver.com
교정교안	윤치영
디자인	얼앤똘비악 www.earlntolbiac.com

ISBN	979-11-976250-7-7(03000)
가격	18,000원

秀 애드앤미디어는 당신의 지식에 하나를 더해 드립니다.